活出醇美大人味

重整身心行李，做回久違的自己，
預約有質感的晚美人生

保坂隆——著
陳怡君——譯

我臉上的皺紋確實一天天地增多，
但我所擁有的溫柔良善也不輸給這些皺紋的數量。
所以，比起年輕時，我更愛自己現在的這張臉。

——名演員 奧黛麗·赫本

青春正盛的美麗固然耀眼閃亮，
但經由年歲沉潛醞釀、由內而外自然散發的生活歷練之美，
更是深具吸引力的「成熟之美」。

能夠意識到自己不再年輕的人，才會更懂得珍惜愛、並且心生慈悲。
隨著年紀增長，人生也變得一天比一天貴重了，
所以，每一天都要認真地對待生活，喜悅地感受所愛，讓自己不留遺憾。
如此，內心獲得撫慰的溫潤晚美人生，將指日可待。

目錄 contents

Part 2｜大人的時尚態度

展現優雅，成為「美麗」的高年級生

——「進階版」的大人時尚，是為了自己而盛裝

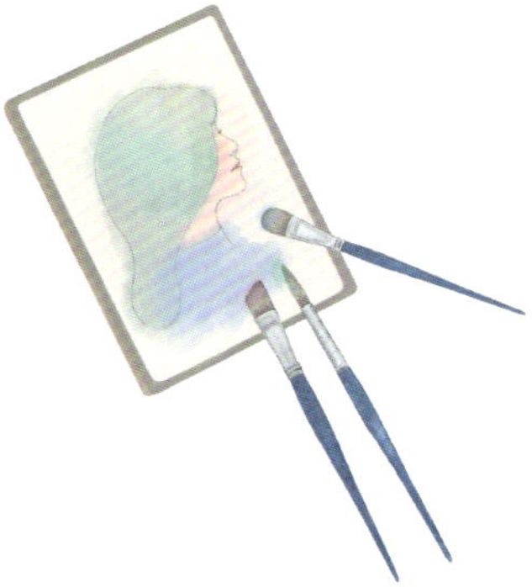

Part 3 ｜ 大人的生活品格

以好奇心和行動力，淬鍊知性與感性

——真正成熟的大人，要做到「自立」與「自律」

目錄 contents

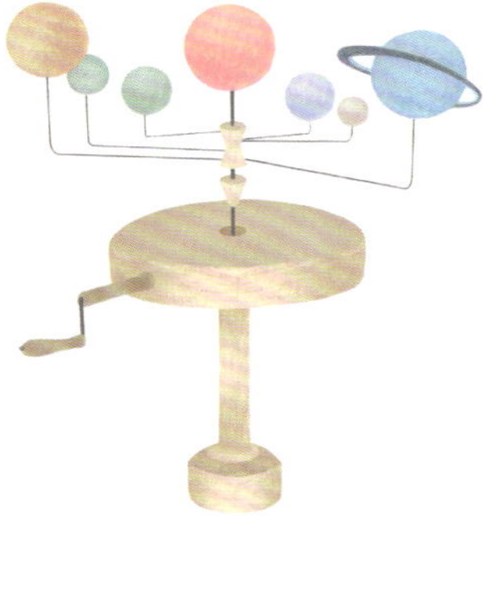

前言
面對熟齡的生活態度，更能彰顯一個人「真正的價值」

保坂隆

「為什麼上了年紀之後，日子還能過得如此精彩啊……」

我忍不住讚嘆，直盯著對方的身影發愣……無論在醫院、或是走在街上，都經常能看到這樣的人。

這種人通常都是女性。當然，出色的男性也不少，但是有辦法做到隨著年歲增長、生活也更加精彩的，似乎是女性更為擅長？

「年輕的女人很美麗，上了年紀的女人更美麗。」

這是十九世紀美國詩人華特．惠特曼（Walt Whitman）所說的話，而我則是每天都親身體會著這句話。

一般來說，女性從年輕時期到四十歲左右，都一路肩負著結婚生產、照顧家庭、教養子女、經營事業的使命；在這段期間，歷經諸多的體驗逐漸成長，人生也隨著年齡增長而發光發熱。

另一方面，由於教育子女必須耗費極大精力與時間，大部分時候都無法隨心所欲。然而，五十歲之後，大多數的人應該都已經從這項任務中畢業，可以將所有的心神與餘裕都放在自己身上。

此外，女性平均壽命延長，將有機會邁入「人生九十年的時代」，如此一來，五十歲恰好就是人生的折返點，甚至可以說從這時候開始，妳可以自己決定，未來的人生要如何過得光采燦爛！

相反地，如果只是任由自己在接下來的日子裡隨波逐流、慢慢失去熱度，最後變成了普通的「歐巴桑」，也不是不可能的事。

可惜的是，年紀漸長，身體機能也會逐日衰退，體力與氣力漸走下坡，記憶力、瞬間爆發力、好奇心等，也都大不如前。意識到自己變老了、即將從職場退休，或是丈夫到了差不多要退休的年紀，大概都發生在這段時期。然而，距離這些事情實際發生，畢竟還有十年左右，所以有些人或許會想，現在就開始為老後生活做準備，是不是有點過早？

答案是絕對不會。因為，隨著年紀的增長，妳會發現時間流逝的速度也越來越快。年輕時總認為，「十年以後的事，實在是太遙遠了。」然而，跨過五十歲大關之後，便會驚覺五年、十年轉眼間就過去了。

如果妳是職業婦女，不妨趁退休之前認真思考該如何充實自我，並在邁入老年後依舊持續。如果妳是家庭主婦，不妨與先生討論退休後想過什麼樣的生活、經濟上該如何規劃，做好必要的準備。老年生活正一步一步逼近中，最好還是及早規劃、未雨綢繆。

我常見到的那些即使「年紀漸長，生活卻依然多采多姿的女性」，通常都是在五十歲左右就察覺到自己已經變老，但她們並不怕「老」，反而是坦然面對並接受事實，正面、積極地迎向未來的人生。

如果希望自己的熟齡生活充滿光采、更具魅力，絕不能只是靜靜等待。五十歲之後，最重要的便是認真思考：「期望自己變成什麼樣的成熟大人？」並且努力去實踐這樣的想像。人一旦上了年紀，思路也清晰許多，若能善用觀察力與判斷力，一定能讓自己變得更有智慧。

從今以後的生活態度，將會彰顯出個人的「真正價值」；希望人生持續綻放光芒、抑或只是慢慢黯然變老，關鍵就掌握在「妳」自己的手中。

本書要與大家分享的是，女性如何在邁入熟齡後繼續發光發熱的智慧、以及應該秉持的心態，並且佐以諸多實際案例，讓大家了解這段「第二人生」將如何豐富我們的心靈、使生活更加愉悅。

在閱讀過程中，如果發現有所共鳴之處，不妨就將它納入妳的日常。隨著年紀增長而越加散發魅力的大人理想生活——就讓我們一起朝著這個目標，邁步向前吧。

11 12 1
10
9
2
8
3

Part 1

大人的
第二人生

人生下半場，正是醇美時光

——重整身心行李，做回久違的自己

歷經前半段人生歲月的琢磨與洗禮，
妳已用心栽植出生命中繁茂的大樹與豐美的果實。
善用一路積累的智慧與能量、誠實聆聽內心的聲音，
妳就能如植物分株般，在原有的基礎上，
繁衍出更多元而自我實現的人生風景。

未來的日子，我要「為自己而活」

卸除人生任務，再次享受自由與獨立

對女性來說，二十多歲時要努力鞏固人生的基礎，三、四十歲世代則是忙於發展事業與自我，根本沒有時間和餘裕放慢腳步，認真思考自己的人生。

不過，當年紀來到五十歲，已在職場奮鬥了二十多年，工作上獲致不錯的職位與成績，已婚女性的夫妻關係也相對穩定，開始試著放手讓孩子單飛，這時女性總算可以鬆一口氣，放下心中大石，並且開始思考，往後的日子要如何邁向自己的「第二人生」。

總之，五十歲世代的女性終於能從一直以來被束縛的角色中解脫。至少，

往後將不必再被時間礙手礙腳地綁住，可以開始「做自己想做的事、實現每天過得自由自在的願望」。讓孩子學習獨立，家事的負擔相對減輕，就可以更加專注於工作。如此一來，手上能夠支配的金錢也會隨之增加。

「能夠自由支配的時間與金錢」——只要確實掌握住這兩大要件，就等於更有機會實現「做自己」的理想。

有了這兩顆定心丸，面對未來，女性就能夠好好地「做自己」，**把人生的目標從以家庭或子女為本位，轉而朝向自己的夢想藍圖、更加充實的生活方向穩步前進。**

妳可以告訴自己，原來這個時機真的來到了——不，妳應該更加積極，確信這樣的時機一定會降臨。

如果沒有這樣的自覺，只是單純地認為自由的空檔變多了，於是家庭主婦耗費大把時間與其他媽媽吃午餐或喝下午茶、閒聊八卦；職業婦女則只是趁著下班後與境遇相仿的友人喝酒、唱ＫＴＶ，打發生活；如此浪擲光陰，等到驀然回首時，可能不知不覺就已成了枯萎凋謝的「歐巴桑」。

「再這樣下去，很有可能往怠惰的方向一路沉淪啊……」

想必許多人都有相同的感覺吧。**要是有所自覺，就該趁此時好好面對自己、聆聽內心的聲音：**

我希望未來擁有什麼樣的生活？

然後下定決心，大聲告訴自己：「從今而後，我要過著做自己的人生！」

丈夫和原生家庭，不會是永遠的依靠

將來有一堆帳單要自付，先存好用度預備金

二〇一三年，日本二十五～五十四歲女性的就業率為七十．八％，由此明顯可見現今是個職業婦女當道的時代。也就是說，在每十位女性當中，就有七人擁有各種形式的「工作」。

不過，還有許多國家的女性就業率更高。在三十四個ＯＥＣＤ（經濟合作暨發展組織）會員國中，日本的女性就業率排名第二十三，最高的是瑞典，有八十二．七％，各國所綜合計算出來的整體平均值則為六十六．五％。不僅是日本，綜觀全世界，現今女性就業率升高的原因，除了女性進入社會的意願高

漲，也因為只靠男性單方面的薪資，實在很難支撐家庭的生活開銷。

然而，日本女性的就業市場卻有其問題所在。這十年來，日本的職場型態出現極大變化，目前的工作人口中大約有四成屬於非正職人員，其中光是女性部分，就有將近六成並非正職員工，而是派遣或兼差的時薪人員。她們的收入可想而知都是偏低。實際上，兼差人員即使長時間工作，月收入也幾乎不可能超過十萬日圓。再加上日本的派遣或兼差工作，大多沒有退休金和年金可領，如果先生是上班族或公務員，退休後就只能依靠勞保年金或公保年金、以及夫妻倆的國民年金過活。

而眾所皆知，這些政府年金的運作狀況非常「不透明」。就日本現行的年金領取額度來說，上班族夫婦每個月大概可以領到二十二．三萬日圓；如果是自營商，夫妻兩人的國民年金加起來大約是十三．二萬日圓。這樣的金額要支付生活所需已相當不易，未來領取的額度還可能更低，請領的年齡資格也可能延後，年金制度的未來，實足堪慮。

目前，一九六一年四月二日之後出生的男性，都要等到六十五歲才能請領年金。據說未來還極有可能要等到六十五歲後、甚至七十歲時才能請領。

因此，身為女性也不能不預做準備，趁現在還來得及時，趕緊設法換個對自己有利一點的工作吧。另外，即便收入增加了，也千萬不要花光，而是要存起來作為「家中的第二預備金」，以便彌補未來年金不足的缺口。如果還是像上一代的女性，認為老後「靠老公的退休金」就能過活，十年或十五年之後一定會後悔。

至於年齡漸長卻依然單身，一直住在父母家、通勤上班的女性，父母親大概都是靠著年金生活吧？基本生活所需全依靠父母打理，每個月只意思意思給一點錢，既不必繳房租，也無需支付水電、瓦斯、餐食等費用，一直這樣生活下去，未來要是得自己面對「帳單」時，恐怕將會苦不堪言。

「**不要以為，父母與金錢會一輩子都在你身邊。**」這確實是至理名言，但若等到有朝一日才對這句話的真意心有戚戚焉，就為時已晚了。因此，**即使再遲，到了五十歲時，也一定要確實訂定老後生活的經濟計畫，認真思考該如何填補不足之處，開始做好準備**。這一點非常重要，務必謹記在心。

即便是同林鳥，人生還是要自己負責

當另一半先離開，金錢會是最現實的問題

女性的人生十分「漫長」。根據二〇一四年七月發布的日本人平均壽命資料，男性為八十．二一歲，女性為八十六．六一歲。這是男性壽命首次突破八十歲，但還是比女性少了六歲。這樣算起來，先生若年紀較長、而且先去世，妻子還有將近十年的「單身老後」日子要過。

英文有個詞語是Merry Widow（有朝氣的未亡人），就如同字面上所言之義，女性的韌性較強，即使失去另一半，還是有能力健康、快樂地活下去。比較現實的問題是「錢」——先生如果是上班族，在去世之後，先前所請領的勞

保年金將會由勞保遺屬年金（公務人員則是公保遺屬年金）所取代。

二〇〇七年四月以後，因配偶死亡請領的勞保遺屬年金，為死亡者勞保老年年金報酬比例的四分之三（這是指家庭主婦沒有加入勞保的情況；如果有加入勞保，則以複數計算後再加以調整）[1]。

先生的年金多寡依職業類別而有差異，但大部分家庭所領取的都是勞保老年年金加上年金保險、企業退休金等，而這些收入供應都將因為先生的死亡而中止（企業退休金視公司規定）。還要注意的是，先生過世後，他的國民年金將不再給付。

所以，不只是家庭主婦，甚至是從事兼差工作、或不處於勞保年金保護傘下的非正式女性員工，在先生過世後，能夠請領的年金就只有丈夫原先所領金額的一半，再加上自己少得可憐的國民年金。

女性必須有所覺悟，一旦先生離開人世，往後自己能領取的年金也只剩一半。「以前是夫妻兩人，反正現在只有一個人，剩下一半還是夠用吧？」這樣想就太天真了，因為固定資產稅（房屋、土地等稅賦）、水電費、瓦斯費並不會因為只有一個人住，就減免一半啊。

雖然一想到「必須為先生不在後做好準備」，難免有些落寞，但若考慮到這一天終究會來，還是要先擬定「正面積極的老後金錢計畫」，以防萬一。

或許妳會想，好不容易能「自由自在做自己」了，為什麼反而要擔憂這、操心那，心情似乎也陰鬱了起來。但此時可不是自怨自艾的時候，積極進取地思考，提出具體且確實可行的因應之道，才是上上之策。

面對即將邁入的老後生活，夫妻兩方都必須要有——「人生自頭至尾都要由自己負責」的覺悟，以及「靠著自己的判斷與雙腳走完人生」的氣概。

1譯註：所謂的「以複數計算」，是指太太可以領取先生的勞保遺屬年金和自己的勞保年金共兩份，但先生的勞保遺屬年金必須先扣掉太太的勞保年金，再以剩餘的金額給付給太太。

人生最大的風險，就是「維持現狀」

有什麼想做的事，就趁早採取行動吧

人生到了五十歲左右，長年在職場奮鬥的女性早已對工作駕輕就熟、足以擔當重任，也更加肯定工作的價值。至於擔任家庭主婦的女性，這時孩子大概都已獨立單飛，或許也開始懷念起，年輕時剛加入工作「戰場」那段忙得不可開交的日子。

無論如何，一旦邁入五十歲，就會覺得自己做任何事都比年輕時「游刃有餘」，多出了許多自由時間，但也同時會瞥見年華逐漸老去的陰影。因此，相信也有不少人會萌生這樣的想法——「應該要趁現在，趕緊做點什麼」。

只是，有這種想法、實際上卻什麼也沒做的人似乎占了絕大多數，妳是否就是如此呢？

當我們正站在老後是否要過得積極開朗的十字路口，而浮現出「我想做什麼」、「我非得有所作為」的念頭時，就是應該立刻採取行動的時候。

渴望跳脫現狀、卻又甘於現狀，並無法擁有光明的未來。妳必須知道，維持現狀才是最危險的。要改變現狀，唯一的辦法就是「採取行動」；如果光說不練，一切都不會改變。俗話說得好，「擇日不如撞日」，當腦中浮現「我想做什麼！」的時候，當下就去做吧。

五十幾歲時，時間還有很多，如果想要考證照、學習新的事物，就趕緊開始吧。打算考證照的人，不妨以退休後依然有用的執照作為優先考量。而目前因應老年生活而生的資格證照，最受矚目的有以下幾種：

1. 英語檢定
2. 電腦相關資格
3. 社會福利相關資格
4. 理財諮商顧問
5. 醫療相關資格

「既有的證照」，也可能變成廢紙一張

留意就業趨勢，磨練自己的實戰能力

從四處可見的證照考試講座宣傳單與電視廣告，就可看出世人對證照的重視。因此，別說是一張，擁有兩、三張甚至更多證照的女性比比皆是。

只是，並非取得證照就代表能「高枕無憂」。若無法發揮「實戰能力」，關鍵時刻還是派不上用場。

此外，不論是哪個行業，只要法律有所調整，職場環境也會逐漸變化。但即使有可能考取了卻無用武之地，還是有不少人努力要取得證照，只為了他日或許能以此作為職場上的護身符。

我有位女性友人結婚後沒多久，母親便罹患癌症，與病魔搏鬥了好幾年。她在母親患病期間要負責看護，送走母親後又有了孩子，當她得以稍微放下孩子開始工作時，已經過了四十歲，算是起步得相當晚。

不過，有如拚命三郎的她，還是很認真地準備考試，先考取了居家照護員二級（目前稱為「初級照護員」）的資格。由於個性積極又好學，她很快又考取了專業照護員的國家證照，開始在照護機構工作。

她非常清楚，要全心投入照護工作一定得輪值夜班，但當時她的孩子還是小學低年級，她不希望留孩子一個人看家，而在銀行工作的先生下班時間又很晚，她只好放棄這個念頭。後來，她轉而挑戰與醫療事務相關的證照，並且在住家附近找到不錯的工作，才開始覺得事業與育兒終於能夠兼顧。沒想到由於醫療費用申請開始電腦化，她好不容易取得的醫療事務資格又變得毫無用處。

於是，她又設法考取「醫師事務作業補助員」執照。這種補助員的工作，主要是在醫生指示下將診斷書製成書面文件、繕寫處方箋、排定預約掛號等文書作業。目前她在一家整形外科負責這項職務，由於這裡的患者大多是上了年紀的人，她以往的照護經驗不但幫了大忙，醫療事務方面的歷練也能夠在此應用，因而拿到了比一般行情還高的薪水。

回顧起來，她可以這樣在自己的能力範圍內延續工作，就是因為及早洞察到照護及醫療體系的改變，同時在過程中不斷累積實戰的能力。

因此，**不要考取了證照就覺得滿足，而是要竭盡所能地活用它、利用它，進而磨練出「證照的真正價值」**。

從「好太太」、「好媽媽」的角色中畢業

中年上大學，成為溫柔傾聽的心理諮商師

有位年近半百的女性，每星期都會來我的診所擔任一天的心理諮商師。不過，她的這項事業才剛起步，她也謙稱自己「資歷尚淺」，因而虛心地認真進修，一點一點地累積諮商經驗。有一次，我剛好有機會和她好好聊天，談到女性進入長壽時代後的新生活計畫時，她的內心頗有感慨。

從短期大學畢業後，她進入產物保險公司工作，並與在這裡認識的先生結婚。沒多久她便懷孕了，由於上班需要經常輪調各地，她毫不猶豫地決定改當家庭主婦。

她有兩個兒子，由於只差兩歲，育兒生活十分忙碌。直到孩子們都升上中學，她突然有了許多空檔，但老公成天總忙著工作，她幾乎都是獨自在家發呆度日。此時，家裡的每個人都過著充實的生活，只有她停在原地踏步。就這樣，空虛的日子一天天過去，一個念頭突然從她心中湧現。

「從前，我的人生目標就是成為『好太太』、『好媽媽』，如今，我應該要開始追尋屬於自己的人生。」

於是，她開始翻閱因小孩要準備考大學而堆滿家中的考試用書，進而決定報考四年制大學，繼續進修。

起心動念後，經過五年，四十五歲的她與二兒子同時成了大學生。她念的是心理學，身為社會人士，要和那些與自己兒子同樣年紀的年輕人一起讀書較勁，著實非常辛苦，而必修的語言及體育學分也無法減免。

結果，她花了六年才從大學畢業，之後又參加資格考試，順利取得「心理諮商師」的執照。從兩三年前開始，她每星期都來我的診所聆聽患者的困擾，並給予合適的建議。

後來，我得知她也在其他醫院擔任諮商師，雖然起步得晚，但她還是能以自己的專業，腳踏實地繼續活躍在這個社會上。心理諮商師的工作，是要聆聽對方的苦惱、感同身受地與對方一起找出解決方案、為對方尋得出口，而具備相當人生經驗者，當然就更為適任了。

在這個人類越見長壽的時代，像她這樣重新審視自我，並開拓出「全新的職場身分」、努力讓下半生過得更充實的人，一定會越來越多吧。

在喜好與工作之間架起「長橋」

因為喜歡旅行，成了銀髮族最愛的隨車領隊

「不必著急，上（下）車慢慢來沒關係。」有位女性如此提醒著每個上下車的乘客。

她就是在銀髮族圈子裡頗獲好評的某巴士旅行團隨車領隊。只要她說「這次我會隨車」，旅行團名額就會立刻爆滿，可見她的人氣有多高。

碰上低溫寒流來襲之類的冷天，她會親自將暖暖包一一發送給每位乘客；如果是酷熱的天氣，則會改發大張的濕紙巾……雖然這些額外服務必須自掏腰包，但她如此體貼的舉動卻讓客人感到十分窩心。這位超級隨車領隊笑著說：

「我自己也不年輕了，所以十分了解這些銀髮族需要什麼樣的服務。」

早前，她曾經在這家旅行社打工，兼差做點文書工作。之所以進入這家公司，一開始是為了「幫孩子繳補習費」，而接觸了旅行業務後，潛藏在她體內的「喜歡旅行」因子遂逐漸浮現，讓她有了這樣的念頭：「想試試看隨車領隊的工作」→「我一定要成為隨車領隊」。

等孩子們上了大學、不需要再張羅補習費，她就決定把兼差的收入拿來投資自己，努力取得隨車領隊必須具備的「旅程管理主任者」（即領隊）資格。

要報考這項資格，必須在觀光局登記有案的機構研習三天，再接受考試，通過之後才能取得執照，費用大概是一萬五千～兩萬五千日圓，門檻並不算很高。接下來，她除了向主管表示自己「已考取旅程管理主任者的執照」，放假日還會自費參加公司舉辦的旅行團，仔細觀察並記住隨車領隊的工作內容，最後終於爭取到擔任隨車助理——正職的隨車領隊都會搭配助理幫忙。

之後，公司由於人手不足，大幅拔擢助理成為領隊，而她的隨車表現十分優異，成績獲得認可，就這樣順勢成為正式的隨車領隊。

即將邁入六十歲的她，對於要站上一整天的領隊工作，已開始覺得有些疲累。不過她說：「看到客人們歡喜的表情，所有疲累似乎都一掃而空了。」所以她還是能夠堅持下去。由於年紀與旅客相近，在等待的時間裡她也能輕鬆地與眾人閒話家常，「我還因此得到不少新旅遊企劃的靈感呢！」她笑著告訴我們。

要開創人生下半場的事業，最重要的便是像這樣，在自己的喜好與工作之間架起「長橋」，幫助自己一點一點地往前邁進。

跳脫家庭框架，重新發現自我的價值

磨練主婦的技能，也可以變身家事達人

調查女性的就業情況，一定會出現所謂的「M型曲線」。

在剛從高中或大學畢業不久的二十幾歲，線條為上升曲線。到了三十歲左右，因為結婚生子退出職場，曲線也大幅度往下滑落。三十歲後半到四十歲之後，由於育兒責任告一段落，不少人重新回到職場，就業人數增加，線條於是又再度逆轉、顯著攀升。這就是之所以呈現「M型曲線」的緣由。

最近，這道就業曲線的低谷似乎已不再像以往那樣深，但是從依舊維持M型的現況來看，可知社會對女性在育兒與工作上無法兩全的困境，仍然無法給

予完整的支援。

受制於嚴峻的現實，有些女性即使很想繼續工作，也只能被迫離開職場。即便等孩子長大後想重返職場，能夠取得與以往相同工作或待遇的人，也是少之又少。大多數女性「二度就業」時，除了兼差的助理等職務，幾乎沒有什麼選擇，不然就只能做些時薪低、工時長，每月收入頂多只有幾萬日圓的差事。

因此，即使家中經濟不算寬裕，還是有不少女性寧願繼續當個主婦，全心全意相夫教子、守護家庭。「一直以來我都只做家事，如今已到了這個年紀，到外面去又能做什麼工作呢？」說不定也有人這麼想，而放棄了回歸社會的念頭。不過就我看來，現況雖然嚴苛，但也不至於是絕境啊。

雖然長期以來都是在家庭這個場所從事主婦這項工作，但在這段不算短的時間裡，要是妳的確很認真工作，一定也會在某個領域培養出某種程度的專業技能吧？例如，近來就有一些主婦因為在部落格或臉書上分享自己得意的拿手菜、或收納打掃的秘訣，受到雜誌社或電視台關注而前去採訪，甚至受邀參與節目演出、或成為某企業講座的講師等，因此發展出一番事業。

雖然說不上是美夢成真般成為媒體寵兒或成功企業家，不過有一位我熟識的女性，就在自宅開設了迷你縫紉教室。當初她只是覺得母親遺留下來的和服棄置不穿實在可惜，於是利用直接裁剪的方式，將和服做了簡單修改，沒想到穿上後大家都稱讚「哇，好美」，而啟動了她日後開設教室的契機。因為有好多附近鄰居都紛紛來向她請益：「妳可以教我怎麼修改衣服嗎？」於是，縫紉教室就這麼自然而然地成立了。

透過這種「憑一己之力賺取金錢」的體驗或工作，有時可以重新發掘出從來不曾知曉的自我價值。此外，基於工作所衍生的責任感，即便是家庭主婦，應該也會設法跳脫以往的框架，積極地與外界接觸。

把自己侷限在家庭裡，相對地也限制了讓自己磨練性格、讓生命發光發熱的機會。如果能抱持這樣的體悟，願意盡量與大眾接觸，從一路遭遇的磨擦或困境考驗中不斷地跨越、前進，即使是工作以外的其他領域，也都能驅策妳產生極大的向前動力，開拓出更加充實的熟齡生活。

前半生的辛勞歷練，是後半生的成長養分

改建自宅，開設只用天然食材的健康餐館

我有位女性朋友，住在近年來總是獲選為「最想居住」的地區，而她是在那裡土生土長的當地人。

結婚之後，她隨著先生調派至日本各地，直到三十歲後半才終於在郊區買了自己的房子。只是，後來為了照顧故鄉的父母，她又搬回娘家，送走雙親三年之後，兄長也跟著去世，於是她繼承了娘家的房子。

十幾年的看護生涯就這樣過去，某一天，她驚覺自己即將邁入六十歲了，當時先生早已退休，一雙兒女也都獨立，各自追尋著自己的人生。

「我要過自己想望的生活。繼續渾渾噩噩地等候老年到來，可不是我期待的人生。」她開始認真思考自己想要什麼、能做什麼？然後朝著「屬於自己的第二人生」穩步前進。

她選擇的第二人生，是開設「提供天然食物的餐館」。與高齡的母親、病弱的哥哥一起生活時，她開始注重飲食內容，並前往自然飲食教室上課，如今她已練就一身好廚藝，再加上豐富的飲食知識，她對自己的決定充滿信心。

就這樣，前半生的所有艱苦經驗，全化為滋長第二人生的養分，幫助她邁向理想的生活。

她和先生賣掉當初買的郊區房子作為開店基金，再把娘家的一樓改建成小小的「食堂」，裡頭有兩張四人桌、兩張雙人桌，還有一個能坐四人的吧檯。雖然只是一間頂多容納二十人不到的小店，以無農藥、無添加物的天然食材所製作的午餐卻大獲街坊鄰居好評，光是預約的客人，就幾乎讓全店滿座，人氣高漲、生意興隆。

為了兼顧家人的生活品質，食堂晚上不營業，星期日也休息。沒想到即便如此，每天光是為了決定菜單、採購食材、準備下廚……，就足以讓她應接不暇。「原本以為是蠻簡單的事，沒想到變成工作之後竟是如此累人。」不過，從她的笑容可以看出，**一切的辛苦與忙碌，都讓她親身體悟了當下的生存意義及價值，也激起了更多勇氣與鬥志**。

開店的另一項收穫，便是以往鮮少幫忙的先生也開始主動協助做起家事，並且樂於與熟客們閒話家常。她和先生的共同友人越來越多，從大家身上獲取的寶貴資訊及刺激，全都化為他們成長的力量，收穫著實豐盈。

「只要下定決心採取行動，一定能開拓出一條道路來。如果當初一直猶豫不決，真不知道如今會變成什麼樣。想到這一點，就不由得打起哆嗦。」

這段話實在太受用了，相當值得參考啊。

重拾年輕時的天職，有意義地貢獻社會

巡迴養老院「到府服務」的義剪美髮師

接下來要介紹的這位美髮師，年輕時曾經在市中心的知名美髮沙龍為人剪髮。當初，由於工作與婚姻生活難以兩全，尤其是要養育孩子，她決定放下剪刀，因為美髮師除了表面上的剪髮工作之外，還有各種龐雜的事務需要處理，實在無法兼顧。

當然，一開始她也曾積極努力，心想：「看著吧，我一定可以兩者兼顧！」卻因此弄壞了身體，只好退出職場。從此周旋於家事與育兒工作的她，倏忽已過了四十歲；而當她一邊猶豫著「要不要重回職場」時，轉眼間又到了坐五望

六的年紀。

有一天看電視的時候，她注意到有人專門為養老院提供剪髮的服務。節目中介紹的那個人物，是在中年以後才取得美髮師的執照，雖然有了執照，但因為獨力開設美髮沙龍的資金門檻很高，所以這位美髮師決定開設一間將整套工具放在車上以巡迴各地的「到府服務美容院」，為住在家裡或養老院的銀髮族修剪頭髮。

考慮到銀髮族大多是依靠年金度日，這間行動美容院的收費要比一般行情稍低一點；由於水源取得不易，暫時也未提供燙髮或染髮服務，不過倒是可以做些簡單的造型。一些坐著輪椅或幾乎整日臥床的高齡者，經由美髮師的巧手把頭髮整理得乾淨清爽之後，都露出了開心、滿意的神情。

看到這個節目，她想起自己也持有美髮師執照，於是開始認真考慮，要做個到府服務的美髮師。

如今，只要附近的安養中心捎來通知，她就會義務為有需要的長者修剪頭髮。她說自己這十多年來只為親朋好友或自己的小孩剪過頭髮，因此就暫且把這項志願工作當成是一種「暖身」吧。

當她開始為銀髮族「義剪」後，年輕時站在第一線工作的熱情再次沸騰，現在只要一有空，她就會學習一些適合銀髮族、方便好整理的剪髮造型。

「美髮師注定是我的天職啊！」

看來，她似乎已迫不及待要正式開展人生的第二春了。

放膽嘗鮮，感受教學相長的喜悅

「高齡旱鴨子」，竟然當上了游泳教練

眼看先生即將退休，一位年長的女性正靜靜等待著「從今以後可以兩人一起出國旅行」的日子到來。沒想到先生卻被診斷出罹患癌症，才過一年，這位女性就成了寡婦。

她的人生就這樣出現了「急轉彎」，由於膝下無子，她每天都只能獨自發呆。以前總是嫌小的房子突然變得好大，空蕩蕩的屋裡更令人倍感孤獨寂寞。

朋友們都很擔心，於是約她到附近的游泳教室上課，沒想到她竟然就此迷上了游泳。

其實，她之前是個完全不敢把頭埋進水裡的旱鴨子，因此朋友一開始是約她去上「水中漫步」的課程。「在水裡走路增加全身的負擔，會變瘦哦。」任何熟齡女性聽到這句話，想必都會難以抗拒吧。

來到游泳池一看，以繩子隔開的隔壁水道，都是些上了年紀的歐巴桑，每個人都如魚得水般怡然自得，泳技好得很！再加上水中漫步的教練說：「沒有人是不會游泳的。」她的心於是開始動搖了。

「人體是具有浮力的，會往下沉，是因為身體太緊張、太過用力。」她非常認同這句話，於是馬上報名了游泳課程。

上課第一天，教練說：「把腦袋放空，相信自己，試著躺在水面上。」她戒慎恐懼地照著教練的指示去做，沒想到身體就真的浮在水面上了。

接著教練又說：「像以腳尖踢球一樣，試著踢水看看。」同樣照做之後，她的身體竟然就往前推進了！由於是仰式，完全不需要把臉浸在水中。

就這樣，十幾年來一直是旱鴨子的她，只游了一天，便對教練佩服得五體投地，甚至還興起了「真希望自己也能教人游泳」的念頭。

之後**她接受了游泳教室一連串的魔鬼訓練，正朝著成為「游泳指導員」的目標努力。她希望有一天，自己也能幫助那些自認為「超怕水、絕對沒辦法游泳」的人，享受游泳的樂趣**。

游泳指導員並沒有所謂的正式資格，有許多人都是以往曾為游泳選手，再向具有教練經驗者學習教導技巧，慢慢累積實務經驗，最終才成為獨當一面的教練，像這位女性從「高齡旱鴨子」身分起步的案例，確實罕見。但相對地，她也更能理解怯泳者的心態，想必未來也會是一位好教練。

她終於成功地為人生的第二舞台畫出了美麗藍圖，從她最近的表情可以看出，寂寞早已離她遠去。

把「休閒嗜好」升級成「生存價值」

媽媽們組成演奏樂團，實現兒時音樂夢

擁有了存在意義，若還能順便得到「一些收入」，豈不是更加完美？目前我所介紹的案例，都是以「創造生命價值的同時，還能賺得些許收入」這個角度，來訂定「老後生活計畫」、並且身體力行。如果不是當事者，或許不太有實感，但對於開始以領取年金過活的人來說，即便只有兩、三萬日圓的「微薄收入」，也會覺得有如天降甘霖。

我之所以堅持要保有「能夠賺取收入的生活方式」，是因為在賺取金錢的同時，也會伴隨產生相對應的責任。當然，成年人的任何行為都必須負起社會

責任，只是加上金錢這個因素後，就會讓人更加認真地看待。

此外，從別人手中收下金錢，就表示必須付出相對的成果、或是展現附加價值。為了追求更崇高的品質或目標，也等於讓長了年紀的自己有向上提升的動力。

要維持這樣的生活方式，前提是必須有信心做到自律。不過，「拚死拚活奮鬥了大半輩子，既然都上了年紀，我只想把精力用來做自己感興趣的事」，有這種想法的倒也大有人在。好比那些想要更專注於發展嗜好的人，這就是一條可以嘗試的道路。

前陣子，一位來診所幫忙的女性義工給了我一張傳單：「我們在附近辦了活動，希望您有空能來參加。」傳單上的標題寫著「熟年世代．五花八門演奏會」，令人覺得相當新奇。

平常就很關心熟齡族群如何經營朝氣蓬勃的老後生活、並動筆著書的我，對「熟年世代」這幾個字毫無招架之力，於是我調整一下工作時間，當天就去欣賞了這場演奏會。

整場演奏會有鋼琴、小提琴的獨奏，也有小提琴與鋼琴雙重奏、歌劇詠嘆調的獨唱、古箏演奏等節目，十分多采多姿。活動的發起人是一群媽媽，她們在孩子上小學低年級時就彼此結識，一起陪著孩子去練琴，聊起了自己小時候也練過琴的陳年往事，都覺得如果就這樣荒廢，「其實有點可惜啊……」

等到孩子都長大成人、出社會之後，不曉得是誰就提起了：「人家不是說『重操舊業』嗎？我們要不要也來重拾樂器、一起練習呢？」

其中有一位媽媽在開設幼稚園，所以等小朋友下課回家，就提供教室給大家當練習室。每個月兩次，時間可以配合的人就來這裡一同練習合奏。這樣持續了幾年，她們終於實現夢想，舉辦了這次演奏會。

最近，等教養孩子到一個段落，重新延續年輕時的練習、或是挑戰兒時想要學習的事物，這樣的例子似乎越來越多。而這個團體的形成，不也是由幾位同好聚集練習開始的嗎？

「大夥兒聚在一起實在太開心了，而且既然要合奏，平常若不勤練，屆時很可能拖累其他人，因此無論如何都得逼自己出門……」一群人共同練習，就是會有這種激勵作用。

舉辦熟年世代演奏會，大家的程度當然不可能一致，這時比較熟練的人就可以指導尚在努力中的同伴，每個人所要扮演的角色，也就自然而然成形。

「過一陣子，我們打算去養老院之類的地方，無償表演給大家欣賞。」看著這群神情閃閃發亮的女性，今天又是各自努力、精進技巧的一日了。

一旦能篤定地看見未來的目標，為了加以實現，也會投注更多的熱情努力練習。於是在不知不覺中，休閒嗜好也早已升級成了「生存的價值」。

為夢想勤做準備，生活也更有動力

學英文練插花，朝「海外農場之旅」邁進

「再過幾年，擺脫了工作束縛，我就要出國旅行玩個痛快！」應該有不少人都是這樣數著手指期待未來吧。

有一位女性，買了自己的房子之後就迷上了園藝，終日流連在家門前整理盆栽，附近鄰居都稱她是「愛種花的太太」。她去參加「英式花園之旅」，也報名了大型園藝中心的講習會，打算一等先生退休，自己也要從主婦的身分半退休。

她有個夢想，就是跟先生要求一點點「休假時間」，前去紐西蘭之類的地

方進行Farm Stay（海外農場體驗），學習當地的園藝技術。確定地點之後，她下定決心要在當地待上一年，或至少也要有三個月。

這個夢想是只有她自己知道的「秘密」，因為實在太過重要，不僅她先生毫無所悉，她連向孩子、友人也不曾提及，完全捨不得跟任何人透露。然而在檯面下，她卻是一步一步地，進行著各種準備工作。

她想住在國外的農場裡學習花藝，因此希望能與農場主人一家相處融洽，於是決定開始學習英文會話。

為了提升英語能力，她非常認真地一週排了三次會話課，其中一堂課還特別找了外籍英語老師，密集地學習正確發音。

看到這裡，各位或許認為這種案例應該是稀鬆平常吧。但除了英語，她也潛心鑽研正統的插花技藝，用功的程度絕對不輸給上英文課的努力。

她懷著滿腔熱血，想去紐西蘭學習當地的花藝及花環設計，同時也期望自己能在日本的插花界嶄露頭角，甚至還夢想著可以當交換學生呢。

當今全球的確都非常熱中於「日式文化」，西方人對於在花器中呈現自然情境的日本插花藝術也興趣盎然，看來這應該會是一項很棒的挑戰。

雖然她目前只是朝著幾年後的夢想之路跨出了一小步，卻讓自己的日常生活充滿了生命力與充實感。最近看到她，讓我十分訝異，**想不到懷抱著明確展望、並且朝它認真邁進的力量，竟能使人綻放出如此耀眼的光芒。**

從過去的羈絆，找到與未來接軌的方向

研究家族史，是充滿驚喜與感動的體驗

NHK電視台的《家族史》，是一個研究各界名人家譜、揭開家族塵封歷史的節目。二〇〇八年首度播出以來，許多登場人物都對自己從未知悉的家族歷史感到驚訝，頻頻點頭與拭淚。由歷代婚姻交織而成的家族史，偶然的相遇竟成了必然的結合，這種「命中注定的羈絆」，著實令人動容。

我有一位女性朋友，每星期在百貨公司的美食街兼差工作三天，其他的時間都可以自由運用。她的先生還在上班，要十年以後才退休，家中兩個孩子有一個已經獨立，另一個明年大學畢業，也找到了工作。她一方面非常滿意「自

己獨力帶大了兩個孩子」，一方面卻又不由得開始思索：「接下來自己要做些什麼好呢？」

所謂「小人閒居為不善」，是指大部分的人在無所事事時，就容易動起歪腦筋，她也擔心自己會變成這樣。孩子總算都長大獨立了、也有自己的家庭，做母親的若不另外找尋生存意義，說不定就會對他們頤指氣使、惹出風波。

就在她思考著自己有什麼想做的事時，恰巧看到了《家族史》這個節目，當下她便心領神會地拍膝說道：「就是這個！」試著去調查自己的家族歷史，整理之後寫成書稿吧。最後若是能集結成書，那就太棒了……

不少人退休之後都考慮過要寫自傳，一些文化中心舉辦的「書寫自傳」講座也相當受歡迎。回頭檢視自己一路走來的人生，並藉以思考剩餘的日子該如何度過，也是饒富意義的事。

而研究家族史，可以深入了解父母成長與生活的時代，以及他們本身與各自祖父母的生命歷程，甚至追溯先祖的生存之道，同時也更清楚自己的家族淵源、以及自古至今的歷史變遷。

她很快就展開行動，首先去探訪尚且健在的姨婆。高齡九十多歲的姨婆至今依舊耳聰目明，以前的事都還記得一清二楚。她一想到自己也已經五十多歲了，對於家裡的事卻幾乎是一知半解，不免有點擔心。

之後她又去了兩次，並且隨身帶著錄音機，希望把從前的事蹟確實記錄下來。能夠把往昔的人生故事講個盡興，姨婆似乎也心滿意足。接著她又和姨婆提過、母親的青梅竹馬約定好，下次要去採訪。

這位友人的家族史撰寫，才剛剛揭開了序幕，雖然不知道接下來還要花多少年蒐集完成，不過在這段期間裡，她每天都過得充實而愉快。而她的家族史也隨著這穩健的步伐不斷厚植，**她與家人們都對這些淵源典故既驚訝又感動，並且體會到這其中有著源源不絕的活力，正推動他們繼續邁向未來。**

Part 2

大人的
時尚態度

展現優雅，成為「美麗」的高年級生

——「進階版」的大人時尚，是為了自己而盛裝

每個年齡，都有屬於自己的美麗，
每幅畫像，也會隨著素材和技法呈現不同韻致。
認真的生活態度、得宜的裝束造型、溫潤的保養之道，
在人生畫板上畫出自己最真實、自然的模樣，
展現出大人女性獨有的風采與魅力。

Attitude
Style
Health

讓內心的溫柔良善，隨著皺紋一起增加

放下對外表的執著，在生活中淬鍊成熟之美

在這個篇章中，我們就來分享一些「不論到了幾歲，都能持續做個美麗女人」的秘訣與技巧吧。

青春正盛、皮膚吹彈可破的女人確實美麗，但隨著年紀日益成熟、由內而外自然散發的生活歷練之美，才是更具吸引力的女性美。

人生路上總有風雨，經歷了跌宕起伏、克服了逆境的種種試煉，日復一日醞釀而成的，即是「成熟之美」。

「我臉上的皺紋確實一天天地增多，但我所擁有的溫柔良善也不輸給這些皺紋的數量。所以，比起年輕時，我更愛自己現在的這張臉。」

這是奧黛麗．赫本所說的話。年輕時以精靈般魅力風靡全球的赫本，中年以後淡出明星行列，成為聯合國的親善大使，為弱勢者盡心致力。她曾去造訪內戰不斷的索馬利亞與蘇丹，參與各種社會公益活動，提升了生而為人應有的「深度」。在那時，赫本的臉上就綻放著溫柔且令人無法忘懷的美麗光芒。

誰都無法抵擋年華逝去，**從今以後，不要再把注意力完全放在外表的年輕與否，試著做一個順應年紀而表現出該有的生活態度、從神情中綻放出迷人光采的大人女性吧。**

年輕也同時意味著「幼稚」或「不成熟」

隨著歲月涵養的性格魅力，讓自己更加分

我曾經聽聞一位在以年輕女性為主客層的時尚品牌旗下訓練店員的人士，說過這樣的話——

不論遇到什麼樣的客人，只要說：「哇，妳這樣看起來好年輕喲！」百分之百的女性顧客一定會立刻淪陷，說道：「這件給我包起來！」

比起「好像很適合您耶」、或是「完全符合您的氣質呢」，只要簡單地加上「年輕」二字，例如「看起來好年輕」、「有一種更年輕的感覺」，效果都會加倍強烈。想必有不少人也領教過這種銷售技巧的厲害吧。

當然，無論男女，都希望自己是年輕的，因此不必刻意去否定追求青春的心態，努力想辦法留住青春，也是很棒的事。

不過，**隨著時間逐漸老去，是所有生命體的自然現象，希望大家也都能坦然面對年紀增長的事實，做好心理準備**。

近年來，抗老化成為眾人矚目的焦點，各種相關技術也不斷在進步之中。實際上，女性看起來的確更加年輕了，在診所裡，每次見到患者病歷表上的真正年齡，總是讓我大吃一驚。只是，科技畢竟有其極限，而一味追求外表的年輕，相對也會讓自信心一點一點地流失。

在歐美，人們崇尚的是做個成熟的大人，女性若只追求外在的年輕，反而會被認為膚淺。散發著與年齡相符魅力的大人女性，才是眾所嚮往的目標。

之所以有這樣的自信，是因為他們了解：「**即使年紀漸長，只要持續保持光采，所增加的個人魅力只會為自己加分，而非扣分。**」

此外，隨著年歲增加，內在也會更為成熟，並且提高自我期許，讓自己經得起千錘百鍊。

「風度和皺紋結合的時候極為可愛，幸福的暮年有種無法言喻的澄光。」

在超人氣音樂劇《悲慘世界》（又名《孤星淚》）中，如此高聲詠嘆著。

這裡所謂的「澄光」，是指「一切事物的開始」。

而男性內心真正的想法是——面對做了拉皮等醫美手術而變得異常年輕的女性，一開始可能覺得驚艷，卻不會因此受到吸引。倒是那些深具內涵、散發著熟齡魅力的大人女性，她們別有風格的生活姿態，反而使人留下更深刻的印象，因此覺得美麗非凡。

愛惜自己的身體，就更能真誠地面對人生

做好基礎保養、選擇健康的飲食方式

能夠「豁達領悟」或「坦然果斷」地接受年老的事實，可以說是相當了不起，也是生而為人最瀟灑、漂亮的姿態。然而，也有不少人容易誤解，既然年老是自然現象，那就隨它去吧，不需要再做什麼特別保養，這種想法其實只是一種怠惰。

我不知道拿工具來比喻是否恰當，不過相同的工具是否經常保養、維修，使用壽命的確會因此大相逕庭。

長期使用且經常保養維修的工具，會慢慢生成獨特的氣質，散發著新品無

法比擬的魅力。人類也是一樣，平常就懂得默默關心、保養身體的人，因為知道要愛惜自己，當然也就更能真誠地面對自己的人生。

就拿肌膚的保養來說，皮膚的復原能力會隨著年齡逐漸減弱，因此從年輕時就該確實做好保養。或許妳也曾被推銷，而購買了一些號稱抗老化的高價保養品或化妝品，但最基本的保養方式，其實就是好好清潔肌膚，徹底卸妝、洗除污垢，並且補充大量水分。只要每天勤做基礎保養，不必花大錢也能保有健康肌膚。

除了從外表做起、確實保養皮膚之外，更重要的是建立良好的飲食習慣。

我認識一位以前曾擔任地區保健指導員的女性，她雖然已有七十七歲，肌膚卻依然光澤亮麗，臉上沒什麼皺紋、也不見明顯斑點。向她請教之後，她說平常只使用一般的化妝品；問她有沒有按摩或敷面膜，她則害羞地笑說：「做那些太麻煩，後來就放棄了。」不過，因為曾經擔任保健指導員，她倒是一直謹守「健康的飲食生活」。

早餐、午餐她一定會吃，由於已經上了年紀，晚餐就吃得簡單一點。餐食內容基本上以蔬菜為主，早餐吃魚乾等魚類，午餐有少量的肉類，晚上則大多吃些好消化的蔬菜粥等。她每天還會定量地吃些豆類、杏仁、藍莓等對健康有益的食物。

這樣的飲食生活看似有點禁欲過頭，但因為幾十年來已經養成「習慣」，對她來說也已是理所當然。

從現在開始還來得及，攝取對身體有益的食物、選擇能滋養健康的飲食方式吧。然後，還要保持肌膚的潔淨，並選擇適合自己膚質的化妝品。

做好身體的保養，即可盡量避免皺紋與斑點的出現。就讓自然的老化，轉化成符合自己年齡的獨特魅力與個性吧。

「進階版」的大人時尚，是為了自己而盛裝

用自信與歷練，琢磨對於美的意識

在此之前，我不斷強調別再緊抱著「年輕至上主義」，但渴望永遠留住「美麗」，應該還是女性的最基本心態吧。

大家知道*Advanced Style*這本書嗎？這本二〇一一年在紐約出版的著作，是自由攝影師兼作家阿里．塞思．科恩（Ari Seth Cohen）以紐約街頭充滿個性、且善於打扮的女性為拍攝對象，再以「一句話」詮釋這些女性時尚的攝影集。*Advanced Style*這個書名，其實還潛藏著這樣的深意——「熟齡女性的時尚並非明日黃花，而是預見美麗的女性時尚」。

阿里所拍攝的女性，年齡從六十歲到近百歲都有。她們之所以能如此隨性地搭配出自己喜愛的造型，是因為經由漫長人生形塑而成的「個人風格」，讓這些女性對自己的裝扮充滿了驕傲與自信，怎麼穿搭都帥氣啊！

「大家都在穿的衣服，就絕對不是我的首選。」（因為這近百年來，我對時尚已經培養出相當敏銳的審美觀。）

「心靈能夠感受到美麗的事物，外表也會變得越來越美麗。」

「年輕時是為了別人而打扮。不過成為大人後，就只為了自己而盛裝。」

「白頭髮有可能是年齡、遺傳，或是遭受壓力所導致。……對我而言，那就是一抹白金色的優雅。」

各位是不是也覺得這些話充滿了力量，令人佩服得五體投地？

其中有一位百歲女性，即便只是去郵局領個包裹，也非要一身滿意的打扮才肯出門。她說：「因為去郵局的路上，說不定可能遇見誰呢。」

作者阿里表示：「我從來不覺得old這個字有任何貶低的意味。上了年紀的人，擁有無與倫比的豐富經驗與智慧，可謂是人生的高年級生呀。」

各位一定要有強烈的信心，年齡增長絕不會是美麗的包袱。就將這份自信作為砥柱，好好琢磨自己的生存之道、以及對美的意識，以成為時尚與人生的「高年級生」為目標，不斷提升精進吧。

「存在感」與「能量」，是生而為人的魅力底蘊

認真生活的態度，比凍齡美貌更迷人

在此我不便舉誰為例，不過，那些年輕時以貌美聞名、總是擔任女主角的演員，年老對她們的影響似乎要比常人更為重大。

另一方面，一些稱不上美貌、卻個性十足的女星，隨著年齡增長，反而逐漸發酵出自己獨有的特色與存在感，在各種場合的能見度都非常高。

不僅僅是女明星，就一般人來說，年輕時被喻為美人兒的女性，步入熟齡後也不見得還能維持曾經的美麗。我就見過不少這樣的狀況，而某對我認識的姊妹更是典型的例子。

膚質白皙、容貌美麗的姊姊，順利擁有了平凡的婚姻，成為每天繞著家庭打轉的主婦。她個性溫和，擁有一間還可以的房子，孩子也教養得不錯，閒暇時她大多跟同為媽媽的友人一起吃午餐或喝下午茶，偶爾搭巴士去旅行，生活過得算是愜意。現在的她仍看得出是個美人，但要論起「生而為人的魅力」，就很難說了。

來看看妹妹吧。和姊姊相反，年輕時大家對姊妹倆的註解總是：「姊姊長得漂亮，妹妹很活潑。」這種「曖昧的表示」，說穿了就是妹妹算不上是個美人。不過這位妹妹很有個性，打從學生時代就一直是特立獨行，曾經離婚、再婚，教養孩子的同時也不忘繼續工作，如今已是保險公司女性營業員中的佼佼者，仍然活躍在職場上。

由於必須帶領一票娘子軍，她的工作十分繁重，但這諸多辛勞也成為滋長心靈的養分，跨入五十歲大關後，身邊的人無一不稱讚她是個「好女人」。不論肢體動作或表情神態，她的表現都非常豐富生動，只要有她在的地方，一定是朝氣蓬勃。活力充沛的一面，儼然成為她最大的魅力所在。

人一旦過了五十歲，長相就不再像年輕時是他人注目的焦點，反而是日常的待人處事、自我的存在感及能量，才是「魅力」與「美麗」的由來與泉源。

這位妹妹就是最鮮活的明證。

人生這條路很長，與生俱來的容貌或許會隨著年齡衰老，但長久積累的生活態度所內化成的個人特質，卻是最能補容貌衰老之不足的「魅力底蘊」。

最強大的抗老利器，是開朗的「笑容」

鍛鍊表情肌，以上揚的嘴角保持好心情

拿最近的照片與年輕時的照片相比，妳也許會發現，年輕時的表情似乎更為開朗。「一路走來，也吃了不少苦呀。」最後就只能這樣安慰自己。

這樣說確實也沒錯，隨著年齡增長，腳力、腰力等身體的筋骨狀況都跟著走下坡；臉上的表情肌也會衰老，無法隨心所欲展現表情；再加上退化的「眼力」讓人無法及時做出反應，整個人看起來就沒那麼開朗了。

年輕人臉上的表情肌強而有力，兩頰隆起明顯、嘴角上揚，即便不是刻意地笑，也會讓人覺得滿臉笑意。相對地，一旦步入熟齡，兩頰不再那麼飽滿，

肌肉鬆弛的程度更加明顯，嘴角也下垂了，淺淺微笑這種程度的表情變化實在不容易讓人察覺，因此常會被誤以為是在生氣或心情不好。

雖說微笑要從內心發出，但實際的表情還是得靠臉上的表情肌來呈現。即使是「真正發自內心的微笑」，要是表情肌無法如實呈現，就難以將情感忠實地傳達給周遭的人們。

畢竟，一般人都是先根據對方的表情，來理解、體諒對方的感受，所以自己的表情若不開朗，就無法順利地與他人交流、溝通。

也因此，平常就要多多鍛鍊表情肌，完美展現出讓對方一目了然的笑臉。這可是能成為妳最強大的抗老利器呢。

表情肌運動和其他鍛鍊肌肉的方式大同小異，重點則有以下兩個：多加一點力道並經常練習，而且要每天都做。

1. 每天早上洗完臉，對著鏡子把嘴巴盡量張大，並發出「a・yi・wu・ei・ou」的聲音，一共進行三～五次。
2. 盡量提高嘴角，可反覆進行幾次。

3.吸氣讓兩頰鼓起，並且讓氣往左右頰輪流移動，反覆進行數次。

4.最後送給鏡中的自己一個「最棒的笑臉」。

做這些運動時，最重要的是慢慢來、無需急躁慌張。溫和緩慢的動作能鍛鍊到表情肌的纖維組織，培養出確實支撐脂肪層、真皮層與表皮層的柔軟度，同時還能改善或預防皺紋出現、肌肉下垂。

利用表情肌運動鍛鍊出完美的笑臉，就能在不知不覺中隨時保持好心情。

美國心理學家保羅．艾克曼（Paul Ekman）曾說：

「刻意做出來的笑容能夠安定自律神經，使身心保持在健康狀態。」

最近的腦科學研究指出，自發性的「嘴角上揚、製造笑容」，能使腦部認為「現在的心情十分愉快」，進而活化能製造快感的腦內物質多巴胺。這也證明了保羅．艾克曼所言不假。

除了每天做表情肌運動，也可以養成習慣，面對鏡子或玻璃櫥窗、電車車窗時，就揚起嘴角，給自己一個笑臉。就從現在起，延緩表情肌的老化速度，讓自己掛著神采飛揚的表情，做個總是笑臉迎人的大人女性吧。

盡情表達「喜怒哀樂」，卸載身心壓力

坦率展現真性情，保有感動的體質

上了年紀之後，表情變化減少，而且會給人陰沉印象的另一個原因，則是與平常很少表現出喜怒哀樂等情緒有關。

上班族女性在幾乎占據了生活大部分時間的職場中，應該多少都是隱藏著自己的真性情吧。從接待員到電話客服人員，在面對顧客時，即便對方提出了無理要求，也只能繼續保持笑容，絕不能怒目相向。

像這樣一直壓抑著真實的心聲與本意，所累積的壓力真是難以想像。

此外，隨著年齡增長，慢慢地不再那麼容易就受外在的影響而激動，也不

會為了一點點小事感動或興奮，不論好事或壞事，感受性都會逐漸遲鈍。十幾歲的時候，即便只是一雙筷子掉下來，也能笑得合不攏嘴，這是因為當時對一切都覺得新鮮，對任何事都躍躍欲試。

根據研究報告，平常總是大笑出聲的人和很少露出笑容的人，若比較兩者的唾液，會發現前者唾液中的副腎皮質荷爾蒙含量較少。當人體感受到的壓力變大時，為了消除壓力，就會分泌副腎皮質荷爾蒙；這也就是說，愛笑的人可以在不知不覺中紓壓放鬆，巧妙地達成「壓力管理」的目的。

眼淚也是一樣。看電視或電影時，只要出現感人一點的畫面，有人會立即淚流滿面，也有人完全無動於衷。若比較兩者的腦波，壓力波在感動的瞬間都沒有什麼劇烈變動，倒是在流淚的瞬間會變得比平常更低。另一方面，忍住不流淚時，壓力波則會比平常更高。

透過這個實驗可以了解，**直率地表露喜怒哀樂的情緒，有助於消除壓力，避免身心承受過多的負荷。**

與人面對面，能坦率地在愉快時放聲大笑、悲傷時神情憂愁，這樣似乎更有人味，大家也更容易對如實呈現內心情緒的人產生共鳴，留下正面的印象。當然，表達情緒也需要視場合而定，但盡量避免壓抑真實的感受，還是比較好一些。

感到憤怒的時候也是一樣。將盛怒的情緒直接爆發出來，或許會令人覺得不成熟，但一直壓抑、忍耐也非明智之舉。不妨選擇適當的措詞與時機，巧妙地讓對方知道妳正在生氣，這可是一種十分高明的溝通技巧。都已經是快要成為人生老鳥的年紀了，學會這些「待人處事之道」，似乎也是應該的吧。

「快速時尚」，只有年輕人才適合

「重質不重量」的穿搭，反映出年齡煥發的品味

我並不常關注女性的服裝潮流，對於女性的時尚美學或許沒有置喙餘地。但身為男性，我還是能看出哪些是廉價品、或不太值得花錢買的東西。

最近，有不少以不可思議的低價販售流行服飾的快速時尚品牌崛起。只不過，熟齡女性之所以選擇快速時尚，「看起來年輕」應該也是理由之一吧。

這種遠遠就能看出是「便宜貨」的服飾，的確適合青春洋溢的年輕人，可以趁此年紀大量運用快速時尚以汲取成功或失敗的經驗，慢慢淬鍊出自己的時尚感。

不過，也有中年人會穿著這種廉價材質的服裝，她們的理由則是：「沒有那麼多錢可以花呀。」即便是看起來不值得投資的平價衣物，買幾件來混搭也還說得過去吧。

我因為在一所與佛教相關的大學上課，認識的人也慢慢多了起來。其中有位女性友人，總是穿著一些設計簡潔的基本款襯衫或毛衣，裙子或長褲則不是黑色，就是深藍色、灰色。這些乍看之下有點樸素的款式，穿在她身上卻顯得很時尚。為什麼會這樣呢？

我於是仔細觀察，發現她的衣物雖然款式簡單，質料卻非常好。至於低調搭配的別針或項鍊，也都是精緻的高級品，絕非廉價的便宜貨。這種上質感，讓她的衣裝散發著絕佳品味，整個人看起來非常時尚。出入較奢華的場合時，只要再搭配亮麗的絲巾或披肩，就與周遭環境顯得十分相襯，毫無違和之感。

衣物的穿搭畢竟主觀，原則上只要選擇自己喜歡的款式就行。只是我認為，既然一路走來累積了不少人生經驗，穿在身上的衣物，最好還是要能反映出年齡應該承載的品味。

年輕人可以重量不重質，買些便宜衣物來變換每天的穿搭，這也是一種樂趣。不過，**到了某個年齡，即便是置裝預算相同，也要轉換成重質不重量的選擇，才能讓自己有質感地慢慢變老**。

比起不斷變換款式與穿搭的服裝風格，「向來簡潔又高雅」的時尚高年級生，絕對會是令人不可忽視的存在。

濃妝更顯老，以「減法彩妝」展現優雅

妝容和配件都一樣，謹記「量少而自然」

隨著年紀增長，皮膚也會產生變化，不但變得黯沉，皺紋也開始明顯，而大部分的人都會以化妝來遮蓋衰退的膚質。我不太能理解這種心態，但是臉上塗著厚厚一層彩妝，反而讓我覺得更「顯老」。

有了年紀之後，認真保養肌膚並施以適合的彩妝，才是讓肌膚瑕疵變得較不明顯的好方法。有一位經常出入診所的彩妝專家這樣告訴我——她是擅長遮蓋手術或受傷痕跡、以及顯眼疤痕與斑點的「遮瑕彩妝」專家。

也有些情況，是必須上稍微重一點的妝才能遮蓋瑕疵，這時就要避免讓妝容看起來太濃，而重點則是在最後的「減法彩妝」這個步驟。

具體來說，就是先把妝整個化好，再以刷子或面紙迅速掃過全臉，輕輕刷去一些彩妝。利用這種「減法」技巧消除厚重感，使妝容看來自然又高雅。

不過，補妝倒是要比年輕時更為用心。雖然不能畫得太濃，但完妝後的細節修飾則要特別留意，口紅脫妝不但有礙觀瞻，好不容易完成的妝容也會功虧一簣。

服裝也是如此，若打算配戴首飾，也可以採用「減法」思考，從準備好的幾個配件中拿掉一、兩個。即便是配件，也要謹記「量少而雅致」的規則。

別當流行絕緣體，對時尚保持一點「玩心」

擷取潮流重點，融入固有的穿衣風格

如我之前提到的友人，唯有人生一路腳踏實地走來所建立的堅定價值觀，才能形塑出展現獨特自我的時尚風格，同時在眾人眼中留下美好的印象。珍惜好的東西並長久使用、彷彿它是世界上獨一無二僅屬於自己的物品，這種態度也可說是珍惜人生的一種證明。

不過，人是一種欲望無窮的動物。再怎麼好的東西，使用了很長一段時間後，那些看起來至少有十年以上、彷彿可以聞到防蟲劑味道般，早已不再流行的過時衣物，反而會散發出一股「人生走下坡」的氣味。因此，姑且不談八、

九十歲的長者，目前依舊在社會上活躍的熟齡大人女性，是有必要多關注目前的流行趨勢。

我有一位住在京都的女性友人，對於時尚趨勢感受敏銳，只要一聽聞現在流行圓點或格紋圖案之類的資訊，就會採購一些具備「流行重點」的絲巾或手帕。此外，在母親節時別上康乃馨造型別針、耶誕節時配戴樹形別針等，也使她的裝扮總能展現出一點玩心，成功為自己塑造了「穿搭高手」的形象。她的做法其實花不了多少錢，又能讓周遭的人們感受到她並未與潮流脫節，是個品味得宜的時尚達人。

重點就在於，即使上了年紀，也別忘了保持「玩心」。

裝扮外表的首要原則是：不為任何人，自己開心最重要，然後再適度地添加自己身為大人對於美的意識與感受，這才是成熟女性所應該追求的時尚。

凡事只求輕鬆是不行的，別穿慣平底鞋

穿上有點跟的好鞋，體驗身為女性的緊張感

總是以讓人驚呼連連、個性十足的裝扮引人注目的流行歌手Lady Gaga，曾經穿上高達四十公分的高跟鞋，送給粉絲們一個超級大驚喜。

至於Gaga小姐的另一個時尚配件——「沒有跟的高跟鞋」，則是出自舘鼻則孝這位十分年輕的日本設計師之手。

東京藝術大學畢業之後，舘鼻則孝把自己以藝妓木屐為靈感設計的鞋子照片，直接E-email到Lady Gaga專屬設計師的網頁，這個契機也為他開啟了世界級鞋類設計之路，可見網路的力量真是不容小覷。

先不論Lady Gaga的四十公分超高跟鞋，穿上高度恰到好處的鞋子，也最能展現女性的足下之美。觀察一下走在銀座街道上的女性，似乎年紀越長，穿著平底鞋的人就越多。除非是碰上「今天一整天幾乎都要走路」，其他時候若想要享受一下時尚的樂趣，不妨就努力穿上有一點跟的鞋子吧。

有跟的鞋子會讓行動舉止更加優雅，腳踝似乎變細了、小腿的曲線更顯緊實；而且背脊會自然挺直、姿勢變得端正，身體看來也更結實。最重要的是穿上高跟鞋後的心態，有不少女性都反應：「穿著高跟鞋，感覺更有氣勢了。」

不過要穿高跟鞋，就必須具備一定程度的肌力。我曾看過一篇雜誌報導，有位知名的時尚設計師，請了教練到家裡指導以進行肌力訓練。其中有一段內容我記得很清楚——這位設計師表示，她想訓練肌力的目的之一便是：「希望自己不論到了幾歲，都還能穿上高跟鞋。」已經七十多歲的她，想法真是與眾不同，不愧是以時尚為業。

穿著平底鞋走路的確很輕鬆，但也容易因此養成走路拖泥帶水的習慣。不僅是為了時尚，高跟鞋也是一種女性的「官方」象徵，目前仍活躍在職場第一線的女性，在工作場合中幾乎都會穿上五吋左右的高跟鞋。無論是為了維持優美而顯得年輕的步伐、想裝扮得美麗一些，抑或是必須穿著正式服裝時，都不妨試試有跟的鞋子吧。

有位女性告訴我：「到了某個年齡，就應該穿些稍微貴一點的鞋子，這種錢萬萬不能省。」她已經六十歲了，至今還會穿著好幾吋高的粗跟鞋。

同事問她：「這樣穿都不會累嗎？」她則回答：「這可是一雙要價七、八萬日圓的義大利高級名牌鞋耶。」當時她趁著到海外出差這難得的好機會，買了一雙鞋送給自己當禮物，結果發現實在太好穿了，從此以後要買鞋，她絕對就只買這個牌子。

只有這雙高跟鞋，穿上幾小時或一整天都不覺疲累，真是神奇，讓人忍不住要向這雙來自製鞋大國的高級品行禮致敬。而且，至今她已經穿了好幾年，皮革越穿越軟，顏色也亮麗依舊，這一點又讓人再次大感折服。

舉凡衣服、飾品或鞋子，在有點年紀之後，這些東西的擁有數量不必多，選擇上質的單品，並盡其所能運用，讓它成為自己獨一無二的「分身」，這或許才是時尚的真義。

「老化的雙手」，最容易暴露真實年齡

手是面對面時被注視的焦點，要勤於保養清潔

我還記得某位女星曾說過：「年紀漸長後，我最在意的就是手部特寫。」「臉部可以靠化妝、再加上表情動作修飾，還不至於一不小心就顯出『老態』。但是手部就……」

的確，指尖出現皺紋，或是皮膚變薄、血管更加明顯等手部老化狀態，著實令人苦惱。然而，大部分女性都是很注重臉部保養，卻從未勤於照顧雙手。

有一位常來拜訪的女編輯告訴我，她自從三十幾歲轉職為自由工作者，迄今已有「三十年以上」，也就是說，她今年已經六十幾歲了。有時候，我遠遠

就可以看見她在會客室裡不斷磨搓雙手，像是在認真地祈禱。我走進會客室後問她：「我剛剛有看到，妳在祈禱什麼呀？」

「其實我……」她的回答讓我相當意外。之所以認真地磨搓雙手，是因為她擦了護手霜，而磨搓是為了加快肌膚的吸收。

「因為工作的關係，我必須一邊採訪一邊做筆記，也因此對方常會把視線放在我正寫著字的手上。當下如果是手髒也就算了，要是有皺紋或看起來乾巴巴的，不是很失禮嗎……」

她知道自己已不年輕，但也明白豐富的經驗可以彌補這項不足，所以到現在仍能持續工作，她感到十分自豪，也從不認為年紀大是一種扣分。只是身為女性，當然還是希望自己看起來年輕一點，因此她才會在採訪或面談之前認真地保養手部。她告訴我：「沒想到雙手特別容易暴露真實的年齡啊。」

平常她就會塗上淡色的指甲油，要與人見面時，也一定會認真檢查指甲是不是太長、指甲油是否脫落等，甚至還會提早抵達碰面的地方，將雙手洗淨並擦好護手霜。

「這樣可以讓手年輕個五歲哦。」她笑著說。她的包包裡一定會帶著包裝輕巧的護手霜，一年到頭都不曾忘記。

身為醫師，一天洗好幾次手、隨時保持清潔也是我分內的工作。可能是因為如此，我也很在意別人的手部清潔；即便與非醫療體系的人們碰面，我也會希望對方的雙手保持乾淨。此外，雖然很少有機會看到，但要是瞥見女性的腳後跟乾燥粗糙，我也會被影響心情。**能夠持續保養手、腳、頸這些平時容易被忽視的身體角落部位，這個人想必在日常生活中的各方面也不會馬虎敷衍，而讓人留下良好的印象。**就像這位女編輯，她在工作上表現專業、也很注意微小細節，因此工作邀約依舊不斷，每天都過得充實又忙碌。

想看起來更年輕，抬頭挺胸的姿勢最優美

軀幹的肌肉量，比體重或三圍數值更重要

資生堂的美容對策開發中心，所負責的業務是持續為燒燙傷、有疤痕等皮膚受損者提供遮瑕建議，並且透過為高齡者及殘障人士化妝，幫他們加油、打氣。該中心曾經針對「如何看起來更年輕」的議題進行調查，三十歲以下的人全都認為最重要的是「姿勢」；六十歲左右的族群則認為第一是姿勢，第二是走路的儀態，第三是體型。

此外，美容專家也曾以三十位BMI值與三圍都相同的六十歲女性為對象，檢查她們的側面站姿，結果發現「抬頭挺胸的姿勢」，看起來相對比較優美。

積極瘦身、減輕體重當然也很重要，但是勤於做伸展操、認真維持優美的姿態，才能真正讓自己看起來更年輕。該中心認為，要讓姿態維持優美，支撐身體以進行各種動作的軀幹肌肉量，比體重或三圍的數值更為重要。

特別是女性，一旦過了更年期，體脂肪很容易增加，而肌肉及骨量則會減少。實際上，肌肉一旦變少，身體的基礎代謝也跟著降低，體脂肪相對增加，形成惡性循環。因此，平常就要努力運動、鍛鍊肌肉，才能避免這種狀況。

根據前述的研究結果，**每天持續以運動鍛鍊背肌與骨盆，一個月左右就能明顯發現姿勢有所改善**。甚至有案例是並未刻意瘦身，一個月內體重也下降了兩公斤。這個運動非常簡單，以下就介紹給大家——

1. 雙腳打開與肩同寬，雙手叉腰，腰部往前挺之後再往後收，重複幾次相同的動作。

2. 腰部大幅度地畫圈旋轉，往左右方向各重複數次。

只有養成運動的好習慣，效果才可能出現，從現在起就每天動起來，好好鍛鍊身體的肌肉吧。

身形改變了，衣服的長度也要調整

在家裡擺面「全身鏡」，每天檢查自己的模樣

「走在路上不經意望了一眼面前的櫥窗，玻璃上映照出來的，是一個看起來累壞了的歐巴桑。剎那間驚覺那竟然是我自己，簡直有如晴天霹靂啊！」平常總是神采奕奕的一位資深護士，曾經如此生氣而沮喪地表示。

我們都以為十分了解自己的外表，但其實並非如此。

為了避免變成垂頭喪氣的歐巴桑，最好能勤快一點，每天站在鏡子前看看自己，檢查一下自己的模樣。

某位女性評論家曾在演講中提到，她在即將邁入高齡時，就趁著家中重新整修的機會，從客廳到玄關，在整個住家空間裡都擺上了「全身鏡」。

雖然不是很想看，但也正因如此，才要更積極地增加從鏡中觀察自己的機會，隨時檢視自己的體重是否剛好、儀態是否優雅，或是整個人看起來是否有好氣色、好精神。

換衣服時，沒有全身鏡就無法確認自己全身的模樣。有時候自以為穿得很漂亮，沒想到上半身與下半身的服裝完全不協調、裙子太長或太短，這樣的狀況也是時有所聞。

年紀增長後身高會有點縮減，身形比例也會跟以前有些許不同，這時只要衣服的長度稍有不對，全身的比例就會走樣，精心的搭配也隨之付諸流水。

「稍微長了一點沒關係啦。」千萬不要這麼以為，只要覺得不對勁，就送去修改成合適的長度吧。

在這種小地方是否用心，正是能否成為「精彩的大人」的關鍵啊。

之前也已提過，走過鏡子前不要只是暫時停住腳步，不妨養成習慣，送給鏡中的自己一個美好的微笑吧。

我深信——越多的微笑，越能讓自己的熟齡生活更加豐富精采。

N
NE
E
SE
S
SW
W

Part 3

大人的

生活品格

以好奇心和行動力，淬鍊知性與感性

——真正成熟的大人，要做到「自立」與「自律」

在人生的旅行中，無論走往哪個方向，都可能帶來驚喜。
坦誠地與自我對話，用心品賞生活的況味，
對人事物保持感受的敏銳與行動的熱情，
每一次的體驗、思考與學習，
都將涵養出更自在洗練，也更有包容力的自己。

拿出自信，享受「一個人」的時間

脫離群體生活，在獨處中真正了解自我

女性喜歡「群體」行動的傾向十分強烈，不只購物或吃飯，即使是看電影或參觀展覽這類一個人反而更能認真專注的活動，也總會呼朋引伴地招呼著：「嘿，改天要不要一起去看○○電影呀？」與朋友一邊聊天、順便一起活動，往後還能共享這份記憶與經驗，的確很愉快。但妳是否該認真想想，自己會不會也陷入了這樣的精神窠臼——「一定要找個伴，才能樂在其中」？

若是希望自己也能享受「一個人」的樂趣，步入四、五十歲的熟齡階段，就該學著「脫離群體生活，多給自己一些獨處的時間」。

「孤獨，並非離開港口在海上漂流般的寂寞，而是真正了解自己生存在這個美麗的星球期間，應該何去何從的最好機會。」

就如同美國小說家安・香儂・夢露（Anne Shannon Monroe）所說的這句話，**孤獨是了解自己的「必要時間」。生而為人，唯有獨處才能面對真實的自我；也唯有誠摯地面對自我，才能清楚了解自己究竟該做什麼、以及為何而生。**

前往各地或海外參加會議時，我曾見過靜靜坐在旅館酒吧裡小酌的女性，不在乎旁人的眼光，一個人隨心所欲地旅行。擁有這種行動力的女性，總讓我不禁讚嘆「真是個好女人」。

最近「歡迎單人參加」的旅遊行程也逐漸增多了，要不要先試著參與這種國內的巴士旅行團呢？接下來還可以獨自報名海外旅行、或是一個人去高級餐廳吃頓飯……不妨就從這些地方開始，磨練「一個人的行動力」吧。

有自信單獨行動的女性，表示她與親朋好友相聚時也同樣能樂在其中，更具有包容力與慷慨的度量。**了解自己的底線，因應當下的時間與場合採取適宜的行動，就是最基本、也最重要的為人處事之道。**

工作力與女人味，並非互不相容

無論職場或家庭，都可以善加發揮女性特質

一九八五年日本制定「男女雇用機會均等法」，至今已逾三十年。因此，現在的五十歲世代，剛好是在終於能跳脫「男女有別」的框架時進入社會。無奈的是這三十年來，日本社會在許多方面還是以男性為中心。比方說，近年女醫師的比例雖急速增加，實際上還是未及二十%；同樣地，企業公司或政府機關即便積極地拔擢女性主管，出席會議者仍以男性占絕大多數。

不過，那些得以參與會議、才能出眾的女性，態度也明顯地與以往大為迥異。以前的女性為了打入男性社會，往往刻意隱藏起女人味，最近則可以見到

散發著女性魅力、工作的決斷力也令人懾服的優秀女性人才逐漸崛起。

我們的社會是由男性與女性共同組成，因此不論在哪個領域，都需要同時從兩性的角度來觀察與感受。充分施展自己的才能活躍於社會的第一線，以及允許女性散發原有的女人味，這兩者其實並不相違背。

目前擔任橫濱市長的林文子，以往在日本與外國汽車製造商公司締造的業績都是傲人的第一把交椅，也因而獲得外國車商的賞識，成為其日本分公司的社長。擔任社長後，她便暗自立誓：「從今而後，我還是會繼續以自己的女性力量作為武器。」她的意思是指，無論在經營業務或員工調度的運籌帷幄上，都要充分運用女性特有的周詳與細心。

除了工作之外，身為人妻、人母，甚至生而為人，在日常生活中同樣也可以保有自己的「女人味」。即使關係再親密，在另一半面前也別忘了保有女性的溫柔與嬌羞。結婚已久的老夫老妻，先生若在太太身上依舊能見著女人味，肯定還是會怦然心動，並感到自傲。已經長大的孩子也一樣，不管到了幾歲，還是會樂於見到媽媽展現「女性化的一面」。

成熟大人的必備條件，是「自立」與「自律」

能夠獨立生活、根據自己的價值觀行動

所謂成熟的大人女性，也就是能夠做到「自立」與「自律」。

而「自立」與「自律」兩者有何不同？能正確分辨的人或許並不多呢。

具體來說，**「自立」就像是鳥兒離巢獨立生活，亦即不論在精神上或經濟上，包括做家事的能力等，都能以個人的力量完成，獨自生活。**

至於**「自律」，則是指不受他人的指使或制約，而能按照自己訂定的規則採取行動。簡言之，便是擁有自己的想法與價值觀並據以行動。**

例如，想去逛街購物時特地邀約朋友：「嘿，這裡好像蠻好玩的耶？」遇

到想買的東西時就說：「你覺得買哪一個比較好？」不斷地詢問他人的意見，這種人雖然能自行判斷並承擔行為的後果，卻算不上是「自律」。

上了年紀的人總有自己一套固定的思考邏輯，因此偶爾問問他人的意見或接受周遭的忠告，也算是好事。即便只是穿搭上的一項建議，說不定還能因此發現自己從未知曉的另一種魅力。

無論是工作模式或生活之道，多探詢外界意見、尋求他人建議，讓自己保持柔軟度，的確非常重要；但在聽取各方建言後，要做決定的終究還是自己。既然下了決定，無論結果如何，都必須由自己概括承受，能做到這一點，才算是真正的自律。

「還不是你建議我這麼做，才會造成這種結果。」已經一把年紀了，還這樣耍賴，老是事後抱怨或推卸責任，這種態度絕對不可取啊。

自己的人生，必須以自己思考過的決定跨出每一步。過程中不管遭遇什麼，都要認知到「這就是我的人生」，有著這樣的覺悟與照單全收的氣度。希望大家都能透過自立與自律，秉著以自我想法與責任所創造的力量，邁向未來。

活用「正統」與「破格」，讓人生更游刃有餘

偶而擺脫既定的限制，自己也會脫胎換骨

「知性」是一種必須透過用字遣詞才能展現的特質，這一點我並無異議，但是究竟要如何用字遣詞，才會讓人提升好感度呢？最近我對此倒開始有些疑惑。

以往，我總是很敬佩能夠正確使用日語——尤其是敬語——的人，但是近來，卻有一些人物打破了這項常理，隨興所至就在談話中夾雜著少許「破格」（在短歌或俳句等具有特定格式的詩歌中出現贅字或字數不足等情況）詞彙，而讓我動搖了起來。

我就以某位護士為例，來向大家說明吧。這位女性有著良好的教養，任何時候都能以正確而有禮的措詞應對進退；她完全恪遵敬語該有的規則，從來不曾誤用或錯用。

「醫師，請問您意下如何？」「……這樣是否可行？」「那麼，我就按照您的指示來做。」她說話的方式大概就像這樣。若真要問我對此有何意見，我想就是經常會不知該如何回應吧。硬要雞蛋裡挑骨頭地說，就是「完美得無可挑剔」，卻讓人覺得疲累。

任何事物都有正、反兩面。對方總是使用莊重而端正的詞彙，我就必須以相同的方式應對，而不時得繃緊神經。這或許就是所謂待人接物時的「包袱」吧。

不過，這位護士非常聰慧，最近她與其他員工聊天時，也開始會混入一些現在的流行用語，或是刻意以男生的口吻說話。我想她應該也察覺到了周遭人們說話時使用的詞彙，因而刻意摻雜一些破格，聊起天來就更自在愉快了。這種打破常規的表達方式，聽起來有點詼諧，她自己也覺得有趣。

就常理來看，在社會這個大框架中，正統依舊具有某個程度的意義，而像我們這種一路走來循規蹈矩的人，就更不可能讓自己踰越這個框架。不過，**真正的大人也許更應該具備偶爾翻越框架的氣度，以富有個人風格的用語來說話和表達自己**。

我想，一旦擺脫了既定的限制，整個人應該也會跟著脫胎換骨吧。

總之，**正統與常理固然重要，但也不必就此被綁住了手腳，妳還是可以按照自己的想法與意志來行動**。只要不是任意胡為，基本上也不太可能做出超乎常理的事；得以在其中取得平衡、游刃有餘的人，想必也會是一個「累積了豐富經驗的人生前輩」。

如何表達怒意而不踰矩？向長者學習吧

圓融表達真實的情緒，是必須傳承的文化

如果是年輕人就罷了，每當看到已經一把年紀還總是大發雷霆的人，我都會替對方感到難為情。尤其是在百貨公司或餐館裡對著無法忤逆顧客的服務人員大聲吼叫的那些人，即便是店家有錯，如此肆意叫囂，任旁人看了也只會以為是這個人有問題、或正在無理取鬧吧。

我們雖不是夏目漱石，但就如他在長篇小說《行人》中所說：「在這個世界上，總是無法事事盡如人意。」畢竟令人生氣的事，每天都在發生啊。

不過，**成熟的大人就是有辦法控制怒氣，並且讓對方好好理解自己內心的**

想法。遇到有能力這樣做的人，我總會當場看得忘我、敬佩不已。

這是我在某家蕎麥麵老店吃飯時發生的故事——有兩位年約六、七十歲的女顧客相偕用餐，她們開開心心地聊著天，一邊等待餐點送來。

然而，等了許久之後，卻遲遲未見兩人所點的麵食送上桌，比她們更晚到的客人都已經在大快朵頤了……於是，其中一位女性便招手喚來方才為她們點餐的店員，低聲詢問：「我們點的東西還沒有做好嗎？」

只見店員一臉驚訝，原來他忘記把點菜單送進廚房了。「抱歉抱歉！我馬上就去處理！」

餐點終於送上來了。兩人吃完準備去結帳時，店員與店長才一起走到桌邊深深地鞠躬賠禮：「真的非常抱歉，這孩子還是新人，因為我們的疏忽造成您的不便，以後我們一定會嚴加注意。」

「搞什麼嘛！我的餐點怎麼還沒做好？我比隔壁桌還早來耶，到底要我等多久啊！」如果這兩位女士以這種整間店都聽得見的大嗓門放肆咆哮，大家一定都會對這間店留下負面印象，不僅如此，所有在店內用餐的客人，吃飯的好興致想必也都給破壞了。

這兩位女士或許是顧慮到了這一點，即便櫃台的服務人員說：「這一餐由我們招待。」但她們還是堅持付帳：「**這是兩回事，既然吃了好吃的東西，就該付錢。」要離開的時候，她們甚至還對忘記送點菜單的店員說：「我們改天還會再來的，下次就別再忘記了喔。加油！**」

置身其中的我，從頭到尾目睹了整個經過。「原來可以用這樣的方式表達怒意呀。真希望自己也能成為如此圓融又有智慧的長者。」就連我的心情，也跟著一起變好了。

這兩位長者示範了如何控制怒氣的好方法，而我認為，這也應該成為傳承給年輕人的「文化」。

真實地生活，學會開啟「自己的話題」

別再只是繞著電視或雜誌資訊打轉了

我工作的地方就在銀座附近，隨性走進一家餐廳或咖啡館，總能看到三、四位熟齡女性坐在鄰桌聊天。

雖然說這是「歐巴桑的POWER」可能會犯眾怒，但這個年紀的女性真是中氣十足啊，說話聲音非常響亮，雖然不是刻意關注，但她們的聊天內容連我都能聽得一清二楚。

至於她們談論的話題，幾乎都是這樣開場：「前陣子電視不是有演嗎？」或是：「跟妳們說哦，周刊已經有報導了」……

看她們聊得那般盡興，我實在也沒必要多管，但我真的非常希望，她們能夠談些「自己的話題」，而不要只是繞著電視節目或周刊雜誌的內容打轉。只能講些電視或雜誌上的資訊，表示她們平常真的有很多空閒，不是泡在電視機前、就是捧著這些刊物打發時間。

我並非要全盤否定電視節目或周刊雜誌，但裡面有超過一半的內容都是關於休閒娛樂，也是不爭的事實。

不要只是拿電視、雜誌上報導的花邊新聞做為閒聊的話題，而是應該加入一些自己主動參與後所獲致的生活感想或真實知識，與大家分享、交流，這樣才是更好的做法。

我依稀記得在很久以前，ＮＨＫ的播報員鈴木健二曾說過：「偶爾可以關掉電視……」鼓勵大家多閱讀，一時間蔚為話題，這句話還真是一針見血呀。

平常在家時，不少人都會開著電視，這樣的人應該先試著將電視機關掉。

我身邊有不少人都不看即時播出的電視節目，而是在查閱節目表後，將想看的節目預約錄影下來，空閒時再慢慢看，最近還有網上收看的方式可供選擇。

這樣一來，我們就不必配合電視節目的播放時間而被綁在沙發上，更重要的是無需再看那些原本並不想看的節目，然後又抱怨竟為了這種無聊內容浪費時間。多出來的空檔則可以用來讀書、看戲或聽演講，去接觸並體驗那些實際存在的活動。

就以自己實際去看、去聽、去體驗所獲得的訊息或經歷，作為日常談天的素材吧，這些話題的內容會產生獨特的臨場感，也更容易令人印象深刻。

有幽默感的人，想必內心也充滿愛

要讓對方笑，必須先懂得體貼對方的心情

這是發生在某次茶會上的事——可能是過於緊張吧，某位擔任東道主的年輕女性準備泡茶時打翻了茶葉罐，將茶葉撒了一地。

只見她漲紅了臉，全然不知所措。這時擔任正客（當天最重要的客人）、有點年紀的那位女性開口了：「好美麗的一片綠，今天倒是眼睛先享受了大餐呢。這些撒出來的松葉，正好讓我們盡情欣賞綠意之美啊。」她轉而邀請大家鑑賞榻榻米上的綠葉，適時伸出了援手。這種化危機為轉機的手法相當漂亮，難能可貴的是當中還藏著笑點，就更加高明了。

日本人天生就不太懂得幽默，要使別人發笑，大多就只是隨意扮個鬼臉蒙混過去。但是在歐洲，幽默已成為一種知性，父母親在孩子還小的時候，就會開始訓練、培養他們的幽默感。

英國首相邱吉爾就是一位幽默達人，也具有繪畫方面的長才。當瑪格麗特公主問他「為什麼只畫風景畫」，他回答：「因為畫木頭、石頭之類的東西，就算畫得不像，它們也不會抱怨。」即便是在二次世界大戰這種千鈞一髮的時刻，據說邱吉爾也經常利用幽默感，適時地化解各種緊張氣氛。

幽默感必須靠日常加以磨練。日本自古即有「狂言」、「落語」、「川柳」等詼諧喜感的表演藝術或古典文學，趁年輕時多多接觸這些引人發笑的文化，也不失為磨練幽默感的好方法。

「好夫妻　當下　什麼都好的夫妻」

「好太太　十年之後　河東獅」

這兩首都是現代上班族所創作的川柳詩佳作。夫妻之間不方便明說的事，以幽默包裝後便令人會心一笑，如此也能培養我們的幽默感。

要讓對方笑，最重要的是必須懂得體貼對方的心情。

當對方沮喪寂寞、或是人際關係不太順暢時，不妨以充滿幽默的這句話作為開場白，安慰對方放寬心吧——「這個問題真有必要讓你如此苦惱嗎？」對方要是因而笑了出來，當下的凝重氣氛頓時化解，彼此的心情也有了「喘息的空間」。

有幽默感的人，想必也一定是個內心充滿愛的人吧。

愛上閱讀，讓人變得更美麗

養成讀書的「習慣」，在老後繼續自我充實

我自己是個「愛看書的書蟲」，也希望各位女性都能愛上閱讀。人到中年以後，一路走來所讀的書更可以豐富我們的人性、形塑出我們的人格特質。

讀書是一種必須養成的習慣。人不可能突然就變得愛看書，所以一開始必須刻意捧著書，認真地閱讀。

無論是自己有興趣的書、或隨手拿的書都無所謂；不管是正在流行的書、朋友推薦說很好看的書、或是正在觀賞的連續劇原著小說，什麼都好，認真多讀一點就對了。

總有一天，會出現一本撥動妳心弦的書，屆時便可趁勢有系統地閱讀同一位作者的其他作品、或是找尋類似的書籍，拓展自己的閱讀世界。

一旦閱讀的書籍越來越多，對於書的「感受度」也會跟著提升，甚至只要站在書店隨性翻上幾頁，瞬間就能夠判斷「這本書好像還不錯」、「書中內容似乎挺有趣的」。

五十歲之後，我開始對佛教、尤其是空海法師的世界產生莫大興趣，零用錢幾乎都拿來買這一類書籍。**只要遇到感覺「就是它！」的書，我強烈建議大家要毫不猶豫地當場掏錢買下。如同人與人的相逢自是緣分，與書的相遇一定也是基於某種緣分。**

最近的書籍似乎流動率特別快，原本心想著下次有機會再買的作品，改天再到書店時已經找不著了，這樣的情況越來越頻繁。我當然也可以上網買書，但巧遇好書對我來說還是非常重要，偶爾去書店轉一圈，也會覺得自己更貼近時代。

陸續買回來的書，當然不可能馬上就看，但想到自己總有一天可以隨心所欲地閱讀這些作品，內心就會開始期待每天有大把自由時間的日子到來。「堆著慢慢讀」，也是人生一大樂事啊。

「多讀書，接觸美的事物，與能體貼他人者來往。這些雖是老生常談，若能夠做到並不斷持續，就會使人變得更美麗。」

這是身為精神科醫師、也出版諸多稀世文集著作的斎藤茂太所說的話。看來，讀書的確能將人琢磨得更加美麗而璀璨。

體驗「上質世界」，讓每一天充實而精彩

運用金錢與時間的餘裕，品味生活的質感

有了年紀以後，家裡的經濟狀況寬裕了些，孩子已長大自立門戶，貸款也快要還清；手頭終於不再那麼拮据，甚至開始有點閒錢可用……相信有不少人都是如此。**今後，如何將這些能夠自由運用的金錢拿來「提升生活品質」，也是讓人生更精彩的方法之一。**

即將來臨的老後生活，面對的將是前所未有的變化。從前，我們把所有精力都放在孩子身上，全心全意守護著他們成長。但是，今後迎接我們的，將是體力與心神一天不如一天的緩降坡。

但相對地，我們也會開始擁有一些餘裕……能夠享受一種和忙碌不堪的當下截然不同、緩慢而安穩的時光。

手邊沒什麼錢時，人們便會說「有錢不如有閒」，這可不是嘴硬。我打從心底認為，這世界上再也沒有任何東西，比時間更貴重、更有價值，而且具備無限的可能性。

要讓如此寶貴的自由時間變得更為多采多姿，不妨試著推開另一扇門，進入鮮少接觸的「高品質世界」吧？

例如，買張能劇或歌舞伎表演最高級座位的票，旅行時投宿於知名或評價極高的飯店，抑或是到頂尖餐館品嚐一頓最豪華的傳統料理……

一腳踏進前所未見的上質世界，強烈的氣場一定也會感染到自己身上。接下來，妳只要一步一步地登上階梯，讓熟齡生活的每一天都過得充實又精采。

至於所花費的金錢，不妨就想成是給老後的自己一種「可能有所回報的投資」吧。鍛鍊自我知性與感性的投資，並無法保證最終一定會有具體的成果與收穫，這不僅僅適用於年輕人，而是無論到了幾歲都不會改變的真理。

好奇心和行動力，和年齡沒有太大關係

人生所剩無幾，更要積極拓展與體驗

「今天我去了天文台哦。自從孩子上小學，已經有三十年沒去過吧？都變得跟以前不一樣了……」這是診所志工的聲音，語調有點高亢。

她又繼續說了下去，我側耳聽了聽，原來她是跟好久不見的友人相約，到了約定地點時，對方卻突然說：「我們去天文台好不好？」仔細一看，友人手上正握著地鐵公司發行的地區旅遊資訊。

「我過來時在車上看到這個，才驚覺自己長這麼大，卻還沒去過天文台，就忽然很想去。」

雖然有些突然，所幸天文台離當天相約的地點不遠，於是兩人馬上轉移陣地。根據這位志工的說法，「這個朋友雖然年過七十，好奇心仍十分旺盛，不曾體驗過的事就會一件件地去做。那天也是這樣，她還跟我說：『下次見面，我們去新開的水族館吧？』」

不過，去看魚似乎不是她的首要目的——拜位於四國的小企業nippura的獨家技術所賜，身體有數公尺長的鯨鯊等超大魚類，終於有機會在大型的展示水槽中自在悠遊。由於這位友人在看電視時得知有這種超大型壓克力板設施，才會興致勃勃地說，「一定要親眼看看那個大水槽」。

從這位友人當天的舉動，可以推斷她平常就是「什麼都想看一看、什麼都想試一試」的人。也許是意識到自己年紀越來越大、人生所剩無幾，這種傾向也就越發明顯了。

為了成為美術館管理人員，現在的她正與一群年輕學生並肩奮鬥著，在人生七十後才進入大學，展開全新的學習生涯。由此看來，旺盛的好奇心加上劍及履及的行動力，正是讓人生下半場得以發光發熱的最佳推手。

從自己做得到的地方開始，讓世界更美好

對人類或社會有所貢獻，也是一種幸福

回頭看看，在人生這條路上，應該有不少人都是盡量自我克制、避免麻煩別人，如此一步一步地走了過來吧？

不過，面對在前方等候的老後生活，或許我們可以試著改變一貫堅持的立場或思考方式，轉而以自己「真正想做的事」，作為今後的生活重心。

而最理想的做法之一，便是在我們長久以來的「為了誰」或「為了有益於社會」的生存模式中，加入自己「真正想做的事」。

某位心理學者曾說過，滿足了以下三個條件，人就會感到幸福——

1. **喜歡自己**

2. **人際關係良好**

3. **對人類或社會有所貢獻**

為印度的貧困孤兒與病患奉獻一生的德蕾莎修女，親自走入地雷區的黛安娜王妃，以曾經接下好萊塢榮耀桂冠的雙手抱著骨瘦如柴非洲兒童的奧黛麗・赫本……她們都在成功人生中的某個時期開始貢獻社會，其行止風範至今仍深深打動世人的心。

有個名詞叫做「美國夢」，一般都是用以形容那些因為無比成功而獲致了巨大財富的人物。不過，我也曾聽聞這樣的說法：將自己得到的一切無私地用之於社會——能夠實踐這樣的人生，才是真正的美國夢。

微軟的創辦者、同時也是全球數一數二的富豪比爾・蓋茲，也是在五十歲之後立刻退出第一線的商業活動，轉而將所有精力都投注於比爾與梅琳達・蓋茲基金會所舉辦的慈善活動——這是他與妻子一起創立的組織。

雖然像比爾・蓋茲這種集能力、名聲與財富於一身的人物畢竟並不多見，然而奉獻社會的基本精神，就在於世界上的每個獨立個體，「能為了這個社會做些什麼」。

因此，即便不是富商巨賈也無妨，就從自己能力所及的部分做起，為這個世界的美好貢獻一己之力吧。

從各種角度來看，在時間、經濟皆稍有餘裕的熟齡階段，也算是把自己的所得慷慨地奉獻給社會，以實現「美夢般人生」的最好時機吧。

衣服的數量與時尚的自信，不一定成正比

該是大刀闊斧，停止盲目購衣的時候了

「全世界最懂時尚的就屬法國女性，但聽說她們衣櫃裡的服裝數量卻出乎意料地少。」這是目前女性朋友之間最熱門的話題。

不過，如果曾經在歐美地區生活，對於這樣的情況就完全不會訝異。在西方，尤其是歐洲，至今仍存在著社會階級差異，上流人士所擁有的服裝行頭，無論質量都與常人不同；而一般人每天的生活樣態，包括服裝在內，其實都相當樸實。

我曾經留學美國，並寄宿在當地一位教授家中。教授夫人日常穿著十分平

實，幾乎不曾穿過什麼引人注目的服裝，在重要時刻卻又能展現合宜的裝扮。衣服雖然不多，但藉由各種飾品的搭配，還是能夠充分享受時尚的樂趣，歐美女性的這種傾向特別強烈。

相對地，日本女性擁有的衣服數量卻多得驚人。我上網查詢日本女性擁有的衣服平均數量時，找到了以下的結果——

「四十歲左右的女性擁有的衣服數量平均值是多少？」

剛剛整理過衣櫥的四十歲女性回答：「家居服大概二十件，外出服有七十件左右吧。包包二十個上下，鞋子超過二十雙。」

已經有這麼多衣服了，她竟然又買了最新一季的衣服七件、一頂帽子及一個包包。

妳的衣櫥裡是否也像這樣，有著許許多多的服裝？我的朋友因為衣櫃已經爆滿，只好按照季節輪替，把衣服裝進另外的收納箱：「每次這樣替換都覺得好麻煩，卻又捨不得丟掉。而且問題是，看到新的還是很想買。」於是，衣服就這樣繼續不斷地繁殖下去。

對於這個問題，我的建議是——試著在這半年內先不要買新衣服。即便是碰上婚喪喜慶的場合，反正衣櫃裡有七十件衣服可挑，排列組合一下總是能找到合適的穿搭。半年過去之後，再繼續堅持半年……如此過了一年，就會習慣不買新衣服了。

已經擁有一堆多到不知該如何收納的衣服，卻找不到一套是有自信在萬一需要的場合得以因應的裝束，要告別這種愚蠢的生活模式，就得大刀闊斧地讓自己斷念。

我想大家也都知道這是老生常談，但是買一堆自己其實並不非常喜歡的衣服，真的不是成熟大人該有的生活方式啊。之前已經說過，**到了一定的年紀，凡事就得講究「質感至上」。妳的衣櫃裡，裝的應該是經過嚴格挑選、自己真正喜歡、符合個人品味的衣服。**

帶有回憶的物品，留下多少才恰當？

即使想「留在內心深處」，也得有個限度

近年來相當熱門的「斷捨離」概念，以一種生活革命的姿態，為日本人長久以來的生活方式提供了省思的機會。

我請教了一些實際執行過這個做法的人，真正的「斷捨離」，是除了生活所需最低限度的物品之外，全都不能留下。我曾經看過完成整理的書桌抽屜照片，裡面真的只有兩、三本筆記本，以及剪刀和五個夾子，果然清空得十分徹底。

假如家中的每個角落都像這樣整理得幾乎空無一物，我想自己應該會感到寂寥吧？甚或還會覺得難受呢。

畢竟，五十年的人生就會留下五十年份、七十年的人生就會留下七十年份的足跡，不是嗎？或許有些人認為，將回憶「留藏在內心深處就好」，但是，將一些能夠喚起昔日生活點滴的紀念品、或值得回憶的物件擺放在客廳之類的地方，對於老年人的心境還是有重要的撫慰作用。

當然，**再怎麼珍惜回憶也要有個限度，否則上了年紀後，要是讓「家中堆滿垃圾」可就不妙了。魚與熊掌不可兼得，如果要留，就只留下那些確實很重要的回憶物品吧。在心中掂好某個自我衡量的尺度，也不失為取捨的好方法。**

孩子獨立、結婚、孫子出生和長大……五十歲、六十歲，甚至在此之後的人生道路上，還是會繼續出現許多重要的回憶啊。以照片或影像保存這些記憶時，也無需留存一大批，只要挑出決定性的場景或時刻。在記憶體裝置越來越方便的時代，懂得如何取捨，相對來說就更為重要了。

此外，**無論是回憶或收藏品，留存的分量記得要控制在八分、七分，甚至六分滿左右即可**。老後的生活想要過得清閒、安穩，這樣做就不至於讓自己陷入兩難的困境。

試試「三年用日記」，對照現在和過去的自己

無法言說的情緒，就靠寫日記化解吧

五十歲開始，恰好是人生「從中場轉往下半場」的時刻，所要面臨的壓力會越來越多。職業婦女此時在工作上也進入了收割期，一旦成為管理階層，所背負的責任也與以往有所不同。如果無法與這樣的壓力共處，就會變得心急焦躁，無端情緒低落或起伏，覺得自己的存在是多餘的。

一旦出現了這種感覺，不妨試著讓自己的心放空一下。而放空心靈的良方之一，就是「寫日記」。

「心有所感，苦於無人可語，澎湃難抑，遂提筆寄情於紙卷。此書僅堪抒懷，豈足外人閱之？終捨之。」

這是出自日本古典文學作品《徒然草》中的一段話。而作者兼好法師描述的「心有所感，苦於無人可語，澎湃難抑，」更是眾所皆知的名言。

至於後面那一句「遂提筆寄情於紙卷。此書僅堪抒懷，豈足外人閱之？終捨之。」正好暗示著如何讓「抑鬱」、也就是所謂的「壓力」煙消雲散的理想之道。

有些人認為寫日記是件大事，因此還沒寫就先放棄。其實，不妨把它想成只是在筆記本的空白處寫下當天發生的經歷，或自己做了什麼、特別注意到哪些事情等備忘，不過是一份記錄，就不會過度緊張。而且，也不必逼自己每天都寫，以免徒增莫名的壓力。

我特別推薦大家使用「三年用日記」或「五年用日記」。這種日記本的格式，主要是在同一頁中劃分出三格到五格，每一格都代表各年份的同一天。例如，要寫二〇一五年五月十五日的日記時，可以在同一頁也看到大前年、前年的五月十五日做了什麼、曾經想些什麼。

無法言說的怨恨、苦衷、憤怒，都可以寫在日記裡。透過文字一吐為快，可以讓心靈獲得平靜，生活不再受壓力束縛，同時又能客觀地以當下的自己對照從前的自己。三年用或五年用日記，就是具有這樣的功能呢。

容許「模糊地帶」，是自信與韌性的表現

凡事保留轉圜的餘地，更能平和解決問題

「年紀大了之後，人也變得圓融多了。」我常聽人說起這句話。最近「變得圓融多了」，究竟是什麼意思呢？

仔細想想，或許就是指對任何事物都能保留一點「模糊地帶」吧。

年輕時，我們對任何事總是習慣追根究柢，答案不是「○」就是「×」，凡事非得「黑」「白」分明不可；事情不是「對」就是「錯」，只能「贊成」或「反對」……隨著年紀增長，我們才逐漸明白，人生並非事事都能切割得如此清楚、乾脆。

在這個世界上，既有「看似正確但其實不對」的事，也有「或許是錯的，但想想其實是對的」狀況，而且多得不勝枚舉。就拿「模糊地帶」來說吧，它不也算是其中之一嗎？我們沒辦法說，凡事追根究柢的認真態度有什麼不對，但相對地，我們也可能因為這樣與人決裂、或把對方逼到絕境。

結論不需要斬釘截鐵，端視情況保留一些可以斡旋轉圜的餘地。有時候，允許有一點「模糊地帶」，反而可以平和地解決問題，也不會有人受到傷害。具備這樣的經驗，也更能展現出大人的精彩智慧。

容許有「模糊地帶」，其實也是一種自信的表現，知道自己不論遇到什麼狀況，都有辦法因應。換句話說，韌性堅強的人，就越能容許「模糊地帶」的存在。

就把「可以接受模糊地帶」，列入妳創造晚美人生的目標之一吧，說不定這會是令妳喜出望外的生活方式。

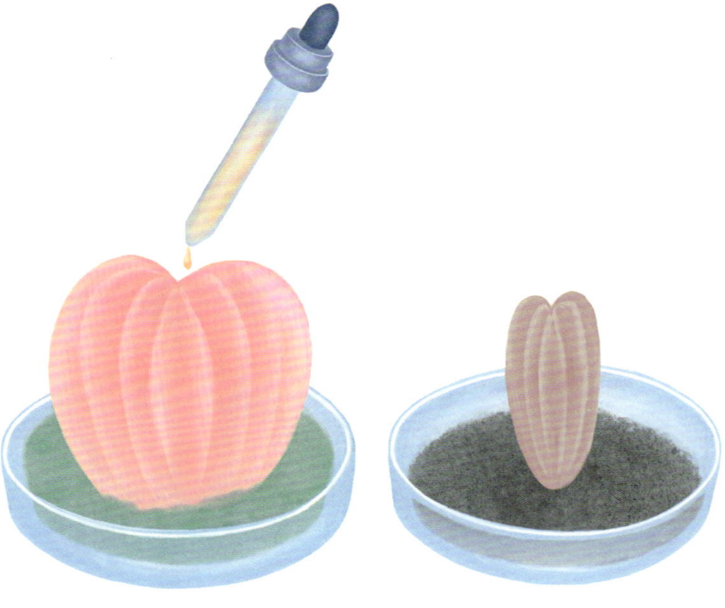

Part 4

大人的
身心關照

健康管理，需要正確的「平常心」

——和變化中的身體好好相處，做好熟齡生活準備

妳用多少心思照顧自己，它就以多少能量與活力回應。
澆灌以豐沛的水分與養分，生命自然飽滿而充實，
若未施予適足的關照，身體和心靈同會乾枯失色。
保持悠活心態，別過度勉強自己，
順著和緩的節奏適應這一段身心變動的過渡期。

中年「發福」，是因為體質有了變化

隨著基礎代謝量減少，飲食習慣也要調整

也許是積極倡導健康檢查所造就的成果，近來中年發福的人似乎已不像以往那麼多。只不過無論男女，幾乎所有中年人的體型，都要比年輕時更顯「豐腴」。最主要的原因是，身體的代謝能力會隨著年齡增長而下降，但人們的飲食習慣卻依然維持得和年輕時沒有兩樣。

各位不妨回想一下自己吃的午餐。除了「自己帶便當」的人以外，大多數的人應該都是在公司的員工餐廳或附近的食堂飯館用餐吧？事實上，這可能就是中年發胖的第一步啊。

身體即使不活動，依舊會消耗「維持身體機能正常運作所需的能量」，以使呼吸不間斷、保持心臟跳動與恆常體溫。這所謂的「基礎代謝量」，將會隨著年齡增長而減少。

以下即是不同年齡別女性各自的一日基礎代謝量——

—十二～十四歲：一千三百四十卡

—十五～十七歲：一千三百卡

—十八～二十九歲：一千二百一十卡

—三十～四十九歲：一千一百七十卡

—五十～六十九歲：一千一百一十卡

將基礎代謝量除以〇．六，即是一天所需的卡路里。也就是說，五十歲以上的人，一天只要攝取一千八百五十卡的熱量就已十分足夠。

只是，辦公大樓附近餐館一份午餐的分量，連年輕男性也會覺得很多。二十多歲的男性，一天所需熱量是二千五百八十卡，由於日本人習慣早餐吃少一點，午餐就會一口氣設定到一千卡左右。想想看，這樣吃不會太多了嗎？

而且吃完午餐，女性還有「甜點胃」要滿足，甚至會順便再吃個甜點。因此中年後慢慢發福，也不是不可能的事。

我有一個朋友偶然在書店翻閱書籍時發現了這個事實，於是從三十五歲開始就力行「吃飯八分飽」，四十歲以後改為「七．五分飽」，過了五十歲則只吃「六分飽」，逐漸減少卡路里的攝取。**具體的方法則是減少主食分量，自己在家下廚時要嚴格控制油的用量，而且原則上不吃零食。**

上班時，她會配合同事一起吃午餐，但把麵包或白飯等含糖分的食物分量減半。此外，午餐如果吃得太多，晚餐就會跳過不吃。像這樣彈性地調整、分配當天吃進的卡路里，正是避免攝取過多熱量的秘訣。她輕描淡寫地說：「慢慢地、階段性地逐步降低，不知不覺中攝取的卡路里就會減少了。」

拜這個好習慣之賜，現在的她即便已經五十歲，還是穿得下二十多歲時的衣服。公司舉辦健康檢查時，她的血壓及血糖值也「沒有問題」，整個人看起來相當健康、神清氣爽，不論面對工作或私生活都活力十足。

過瘦跟發胖一樣，也會損及健康

中年後比年輕時稍見豐腴，是很自然的現象

最近，日本厚生勞動省[2]發布了「日本女性普遍過瘦」的資訊，而被指稱過瘦的主要是年輕女性。

對年輕女性來說，減肥似乎是永遠的話題，就連身材已經很苗條的女孩，嘴上還是會叨念著「我想要再瘦一點」。

低體重（ＢＭＩ值未滿十八．五）的女性比例，在任何年齡層都比十年前增多了，但在二十歲世代中竟然就占了二十九％，大致說來，等於每三人當中就有一人體重過低。

此外，出生後體重未滿二千五百公克的低體重兒比例則占了十％，增加的幅度非常高。

在ＯＥＣＤ四十個加盟國中，低體重兒比例最高的前五名為印度、南非、印尼、土耳其和日本。食物不算匱乏的日本竟然名列其中，很明顯是受到瘦身過度的風氣所影響。有不少四十～五十歲的女性，應該都是家中有女兒的母親，請一定要教導她們正確的健康概念。

只是，這種過瘦的想望似乎已跳脫了年齡層的框架，逐漸往外擴延。近來中年世代過瘦的女性人數也在逐漸攀升：四十歲世代為十一．四％，五十歲世代則略為下降四．五％；六十歲世代是六．二％，七十歲世代為十一．六％。

而四十歲世代增加的人數比例是十年前的兩倍，可見這確實跟近來年輕女性渴望「瘦還要更瘦」的觀念有所關連。

苗條的人看起來比較年輕、也更能享受時尚的樂趣，只是這種想法如今似乎被實踐得有些過頭了。

從荷爾蒙的角度來看，女性步入中年後會變得豐腴一點，是非常自然的現

象。就像之前提及，**太胖的確有損健康，但這是程度問題。中年人在五年內若減輕五公斤以上，死亡率即會升高，這可是厚生勞動省貨真價實的調查結果。**

因此，不要只聚焦於肥胖會損害健康，千萬要記住，體重過輕也同樣會危及生命。

2 編註：厚生勞動省是日本中央政府主掌醫療衛生、社會保障與勞動政策的部門，設有十一個局，各自負責國民健康、醫療保險與服務、藥品和食品安全、社會保險與社會保障、勞動就業、社會救助等事務。

便利過頭的生活，導致運動量不足

不必走一萬步或上健身房，也可以適度運動

知道要為老年儲備體力，但不需要特別去做任何準備——這是我的基本理念。依循著「正確的生活方式」，平淡、安穩地度日，理所當然地老去，這樣就好、就足夠了。

所謂「正確的生活方式」，則是指：一日三餐飲食均衡，不時活動身體，晚上安靜地入睡；週末好好休息，消除身心的疲憊。

也許會因為工作的關係，無法每天都這麼做，但也要盡力而為，妳就能發現自己的生活有顯著的變化。能夠如此實踐的人，將會從容地老去，不至於因

為突發事件而折損了健康。

現代人生活中最明顯的問題，就是運動量不足。在公司，整天埋首於電腦前工作，即使忙得不可開交，實際上身體的運動量卻少之又少，處於這種狀況的人似乎越來越多。

人類是一種「動物」，在生活中運動身體是再自然不過的事，但現代人卻越來越不愛動，由此造成的弊端也逐漸顯現。如今為害健康的原因首推抽菸，緊接在後的就是運動量不足。

「運動是良藥，而且沒有副作用。」就像這句話所說的，中年之後逐漸提升的高血壓、心臟病、糖尿病等文明病罹患風險，只要能在年輕時、或趁症狀輕微時養成適度運動的習慣，就能獲得極大改善。

不過，究竟要做到什麼程度，才算是所謂的適度運動？

實際上，不需要每天都走一萬步、或者每兩天就上一次健身房，**每天只要走路**三十分鐘~一**小時左右，已經十分足夠。而且不必一次走完，可以分成三次以上，每次約走十分鐘即可。**

只要將平時騎單車或搭公車往返的距離，改成以「步行」方式完成，就算是有「適度的運動量」。妳看，這是不是比想像中還簡單呢？

在家裡，則不妨放棄使用遙控器，直接走到機器旁以手操作吧。電視機、電燈，甚至是冷氣機，都可以這麼做，以增加運動的機會。

捨棄目前正流行的掃地機器人，每隔一天就拿起掃把、除塵撢清理住家，順便活絡筋骨；光是如此，就能大大提升運動量。實際做做看，妳將體會到，用抹布擦地更是很好的下半身運動呢。

隨著社會環境對於無障礙空間的重視，車站等大眾公共空間幾乎都會設置電梯和手扶梯，但相對而言，這些設備也被指責太過於「縱容」健康者。

如果妳目前還是上班族，平常不妨試著多走樓梯吧？在電車或公車上即使有空位也不要坐下，站著可以順便伸展背肌、多消耗一些卡路里，同時也可避免下半身的平衡感衰退。

除了在日常生活中隨時活動身體，也可以試著每星期做一次運動，把它當成一種嗜好。

有一位我熟識的女醫師，很喜歡鐵人三項運動，熱中於「跑步、自行車、游泳」的訓練。這一陣子，她便以跑步三十分鐘、騎自行車一小時、游泳四百公尺的正規比賽模式，來鍛鍊自己的體力。為了實現夢想，去參加在夏威夷或塞班島等海外舉辦的鐵人三項競賽，她不停地自我鍛鍊，那活躍的身影看起來真是既開心又期待。

老化是一種邁向「乾燥」的過程

有效補充體內水分，讓細胞運作維持活性

肌膚容易隨著年齡增長而變得乾燥，女性似乎對這一點特別敏感。我們常用「水水嫩嫩」來稱讚漂亮的肌膚，由此可知，讓體內維持充足的水分，是保持年輕的條件之一。

古希臘哲學家亞里斯多德說過：

「老化是一種邁向乾燥的過程。」

體內水分不足將有損身體健康，這項論點在古代的中醫也有相關研究。所謂的「燥邪」，即是身體因為乾燥導致免疫力低落，進而容易引發各種健康問

題與疾患。

近年來的醫學研究顯示，人體內的水分會隨著年紀增長而漸次減少，這也證明了古人的觀察力確實敏銳。具體來說，胎兒體內的水分占九十％，幼兒為七十～七十五％，成長期的兒童約七十％，成人則減少至六十～六十五％，高齡之後只有五十～五十五％。

人體內的水分又分為含於細胞內的細胞內液、以及細胞外的細胞外液。其中有三分之二的水分為細胞內液，其餘則為細胞外液，以血液、淋巴液、細胞與細胞之間的細胞間質液等形式執行生命活動。

也就是說，**生命活動是一種透過各種體內組織的水溶液所生成的「化學反應」，水分一旦減少，生命活動等於也會失去活性。**

在充滿水分的人體中，細胞內液與外液兩者保持均衡是最理想的狀態，只是體內的水分將會隨著年齡逐漸枯竭，其中最可怕的就是腦部的變化。阿茲海默症患者的腦，就像乾掉的海綿般乾巴巴的，即是最好的證明。

雖然這個問題並非只靠喝水就能解決，但積極補充水分還是非常重要。**平常要養成一天喝五杯水的習慣，如果喝冷水身體會發冷，可以改喝與體溫差不多的白開水。外出時則要帶著水壺，時常拿出來慢慢喝，以滋潤身體。**

具有美膚效果的膠原蛋白，能提升細胞內的保水能力，平日可以多吃含有膠原蛋白成分的食物，讓補給的水分得以確實被細胞吸收。

不過，要放棄美味的烤肉、啤酒實在很難啊，所以一定要更積極地攝取纖維質含量較高的日式飲食，才能有效預防便祕，讓腸內環境保持潔淨暢通。

腸道乾淨的人也不容易罹患癌症，其中最能發揮影響力的就是小腸的免疫系統功能。小腸的免疫系統與全身免疫力息息相關，體內某處一旦出現了癌細胞，它就會派出自然殺手細胞以抑制癌細胞成長，功效不可小覷。因此，千萬不要輕忽便祕的影響力。

想保持青春，每天都要睡好睡滿

把握「睡眠黃金期」，促進成長荷爾蒙分泌

「最近常常失眠」、「這陣子清晨很早就醒了」……妳與朋友之間是否也出現了這樣的對話？

根據日本厚生勞動省的調查，近年來五十歲世代女性出現睡眠障礙的人數突然急遽增加。就個人經驗而言，我們自己也都明白，年紀越大，睡眠品質會跟著慢慢降低。

睡眠可分為深層熟睡的「非快速動眼期睡眠」，以及看起來似乎已熟睡、但眼皮底下的眼珠卻不停轉動，以致腦部無法完全休息的「快速動眼期睡眠」。

年輕的時候，非快速動眼期和快速動眼期這兩種睡眠能比較規則地反覆進行，但這種平衡的節奏會隨著年齡增長逐漸被破壞，淺眠的快速動眼期慢慢增加，因此很容易被吵醒，晨間也會較早醒來。

睡眠品質下降、年齡也慢慢增長，再加上還要擔心孩子的升學考試、雙親衰老後陸續浮現的問題，自己與先生在工作上的責任也越來越重，睡眠問題於是更變本加厲。

「不過，也還不至於要吃安眠藥啦……」起初的確是如此，但若繼續放任不管，一旦演變成「難以收拾的嚴重失眠」，就真的只能抱著安眠藥度日了。

睡眠障礙也是最好及早發現、及早治療。趁著問題才剛萌芽時，趕緊修正自己的睡眠習慣，就能有效改善。

幫助我編輯這本書的女性是一位自由工作者，之前她經常熬夜工作，過了五十歲後，她則為自己嚴格制定了生活規則，晚上十一點一定要上床就寢。

「我之前去採訪，才知道——**晚上十一點到凌晨二點，是『睡眠的黃金時期』。在這段時間裡，成長荷爾蒙會加速活化分泌。**」她開朗地告訴我。

也許有人會納悶：都已經五十歲了，還會分泌成長荷爾蒙？

對成年人來說，成長荷爾蒙負責修復細胞、促進身體的代謝功能，是使人體保持年輕的重要物質。若還是持續「三更半夜不睡覺、早晨往往起不來」的生活方式，即便睡得夠久，身體還是會感到「沉重」，這是因為睡眠中成長荷爾蒙分泌量不足的關係。

在睡眠的黃金時段確實睡飽，如果真的很忙，就早點起床處理工作，努力讓生活維持這樣穩定的節奏。確實做到這一點，身體也會變得更加神清氣爽。

更年期不是「障礙」，而是「準備的過程」

趁此重整步伐，迎接下個人生新階段

三十歲之後，卵巢的功能會從尖峰緩緩下降，等到有一天卵巢不再排卵，便是所謂的「停經」。

日本女性平均的停經年齡，為四十歲中後期到五十歲前期左右。由於狀況因人而異，這個平均值只是作為參考。

停經畢竟是身體的自然現象，不需要特別擔心。或許有些人會悲觀地認為「自己不再是女人了」，但換個角度看，從此以後每個月不再有月經的負擔，不也可以更自由自在地活動嗎？

更年期最常出現的困擾，即是由於女性荷爾蒙的分泌有所變化，使得停經前後這幾年，荷爾蒙分泌會顯得紊亂而導致身體不適，也就是所謂的「更年期障礙」。**其實我不是很喜歡「更年期障礙」這個說法。既然是荷爾蒙分泌有了變化，身體狀況當然也會隨之改變，所以我不認為這是一種障礙，而應該視為女性完成了懷孕、生產等偉大工作，即將迎接全新階段的一種「準備過程」**。

具體來說，在這段期間，由於卵巢分泌的雌激素減少，會影響自律神經，因而有可能造成自律神經失調，主要的症狀則包括：

—熱潮紅（發熱、頭昏、盜汗等）

—肩膀僵硬、腰痛、手腳疼痛

—畏寒

—頭痛、暈眩

—焦躁、易怒

—悶悶不樂、憂鬱

—喘氣、心悸

大致來說，只要改善生活習慣及心境，這些症狀就會減輕許多。**多注意平時的飲食品質、睡眠充足、避免過勞，在日常中建立正確的健康意識，養成合宜的生活習慣，即是安度更年期的秘訣**。

如果症狀實在很嚴重，可以前往近年來增設的更年期專科就診，必要時也可以接受荷爾蒙補充治療，快者大約兩星期到一個月，症狀就會消失。

大自然的香氣，讓身心獲得安定

以「芳香療法」活化荷爾蒙、撫平焦躁情緒

如果還不至於要接受荷爾蒙補充治療，不妨在日常生活中善用大自然的香氣，嘗試一下「芳香療法」吧。

芳香療法也可以算是西式的中醫療法，利用萃取自植物的精油來進行自然療癒。**由於嗅覺直通大腦，目前已經確知，鼻子吸入香氣後會直接影響腦部，讓身心產生放鬆的感覺，促使腦內分泌大量的神經物質。**

在法、德、英等歐洲各國，芳香療法是健保積極採取的治療方式，有效的案例也很多。事實上，英國的凱特王妃就曾經以芳香療法來改善孕吐。

精油的種類繁多，療效也各有不同——

能促進女性荷爾蒙分泌的有：歐白芷（Angelica）、快樂鼠尾草（Clary Sage）、聖潔莓（Chasteberry）、黑升麻（Black Cohosh）等。

若有發熱等熱潮紅症狀，則不妨試試鼠尾草、薄荷。

覺得焦躁時，可以聞聞薰衣草、小白菊、馬郁蘭、橙花等精油。

關於芳香精油的挑選及使用方式，最好去一趟專賣店洽詢芳療師。將精油瓶擺放在室內讓香味飄散、加入浴缸泡澡，或是沾在小卡片上夾入隨身筆記本等，都是相當普遍的用法。

廣義來說，白檀、沉香等日本香也可以算是芳香精油的一種。既然聞一聞喜歡的香味就能消除身心的疲累，不妨積極一點，在日常生活中善用芳香療法吧。

七種悠活心態，從容面對更年期

做自己就好，放鬆體驗當下的一切

在體內荷爾蒙環境急遽變化的更年期，雖然各人體質互異、症狀也輕重不一，但身體大都會有感覺不適或發生變化的情況。即便沒有出現明顯症狀，只要謹記以下幾點，相信就能安然度過連接未來的這段「變動時期」。

1. **不必逞強，懂得適時放手**

尤其是完美主義者更要特別注意，偶爾睜一隻眼閉一隻眼，世界也不會就此崩塌。懂得適時放手、做自己就好，是蛻變為成熟大人女性的要件之一。

2.只要專心做好眼前的事

這也要做、那也要做，但事實上能做到的只有一件事。把其餘割捨掉，專注心力於眼前最迫切的課題。妳會發現許多事要進行得比想像中順利，也不會再冒出讓人快喘不過氣的壓力。

「未來會如何，誰都無法預知。現在再怎麼擔心，也只是自尋煩惱。」不妨把這句話當成是提醒自己的座右銘吧。

3.與伴侶、家人維持良好的關係

能與先生或伴侶相處融洽，就更不容易受到更年期障礙的影響。身體覺得不舒服時就坦誠地說出來，請另一半幫忙分擔家務等工作，同時也可以讓孩子理解、並尋求他們的支援協助。

4.擁有發生問題時可以商量的朋友

我們偶爾也會有「不能向家人訴說」的煩惱，這時如果身邊有可以聽妳傾訴、並給予合適建議的朋友，就真是太幸福了。

想擁有這樣的朋友，首先自己就要成為這樣的朋友。多傾聽友人的困擾，並且成為能替對方著想的最佳商量對象吧。

5. 享受時尚的樂趣

即便進入更年期，也還是個女人，請積極地參與並享受時尚的樂趣，讓處於這個階段的妳，成為一生中最出色的自己吧。偶爾逛逛年輕人的服裝店，從最新潮流中汲取靈感，挑戰一下走在趨勢尖端的服裝，也是轉換心情的良方。

6. 去遊樂園玩耍

不妨邀約差不多年紀的朋友，一起去孩子還小時經常帶他們去的迪士尼樂園、環球影城等大型遊樂園。妳會驚訝於水族館、動物園竟如此進步神速，大人也可以在這裡玩得盡興暢快，平日累積的壓力也跟著煙消雲散。

7. 透過體育活動活絡筋骨

網球、桌球、高爾夫球等……即便是打得不好的外行人也無所謂，就讓自己的身體多動一動吧。適度做些游泳、慢跑、馬拉松等運動，則能讓氧氣運行至全身各角落，使體內的每一個細胞都充滿能量。

恰到好處的疲倦感，也能締造更優化的睡眠，進而提升每天的生活品質。

避免骨骼老化，要適時地曬曬太陽

足量的鈣和維生素D，是增加骨質所必需

之前已經提過，更年期是人生新階段的起點，絕對沒有必要視其為洪水猛獸。不過，由於荷爾蒙的變化會隨著年齡增長越見明顯，更年期之後也會更容易察覺到「身體的變化」，而骨質疏鬆症就是其中之一。

進入更年期，女性荷爾蒙中的雌激素會逐漸減少，而雌激素則具有預防骨質減少並變得脆弱的功能。更年期後的女性骨折狀況增多，正是因雌激素減少而使得骨密度降低，即便只是跌倒，骨頭也可能就此折斷。

所以到了這個年紀，就要不時接受骨密度檢查，以掌握自己的骨質狀態。骨質疏鬆症在平時不會有症狀出現，因此很容易被忽略，若放任它持續惡化，到了七、八十歲，就有可能導致股骨骨折，甚至變得只能臥床。

最近連男性也被提醒要多留意骨質疏鬆症，這個問題攸關女性的老後生活品質甚鉅，一定要謹記在心。

雌激素雖可以減緩骨質流失，卻無法增加骨質。因此，**要避免骨質疏鬆，就得積極攝取能使骨骼強健的鈣質，並且多曬太陽。牛奶、優格、乳酪等乳製品，以及小魚乾，都是每天不可或缺的食物。**

不過，攝取了大量鈣質，若是維生素D不足，身體也無法有效地吸收這努力獲得的營養。菇類、魚貝類等含有豐富的維生素D，但是光靠飲食，很難充分攝取。有一半以上的維生素D是靠體內的膽固醇製成，而此時擔任催化工作的便是陽光中的紫外線。

現今大家都一面倒地認為曬太陽不利於健康與肌膚，甚至才剛進入春天，就有女性全身包得像養蜂人家似地，只為了要防曬，這對預防「骨骼老化」是完全沒有幫助的。此外，維生素D不足還會造成免疫功能下降，甚至容易罹患癌症。

關於曬太陽，其實一天只要曬十～二十分鐘就已足夠；或是每週曬三次，一天三十分鐘也行。若真的很擔心骨質疏鬆問題，不妨把曬太陽的時間再拉長一點。還有，曬太陽時如果塗防曬油隔離了紫外線，就無法製造維生素D，這點應該不必再特別提醒吧！

即使停經，也不必覺得自己「不再是女人了」

做好身心調適，仍能擁有親密關係

關於更年期前後的性生活，有困擾的人似乎不少。性是非常私人的問題，每個人的需求也各不相同，實在無法一概而論。

只是，我要在此疾呼，不需要停經後就覺得自己「不再是女人了」。有些人反而認為，從此可以更加享受性生活的樂趣，完全不必擔心懷孕的問題呢。

不過，**女性由於荷爾蒙中的雌激素減少，對性的欲望減弱，有時甚至會有疼痛感，對於女性這樣的變化，男性一定要多加理解與體諒**。如果覺得疼痛，可到之前提過的更年期專科接受荷爾蒙治療，有不少案例都確實獲得了改善。

我有一位女性朋友，她的困擾正是無法回應男性伴侶的需求。她的先生年紀比她小幾歲，依舊元氣十足，她也一直是個精力充沛、生龍活虎的人，只是進入更年期之後，就經常出現熱潮紅或頭暈目眩的症狀。

不過，由於她和先生的愛情並非只有性，因此每晚兩個人都會一起品嚐紅酒、盡情地談心，散步或購物也盡量結伴同行。他們也會共浴、或是同床休息享受互相依偎的感覺，透過這樣的方式，讓另一半自然而然地知道「女方的身體正在變化之中」。

成功安度更年期的她，常寄給我有她與先生合照的賀年卡，某一年的卡片上甚至還出現了愛心圖案，由此即可猜想，兩人還是過得十分美滿幸福。

五十歲以後，要自費做健康檢查

定期健檢、了解家族病史，做好健康管理

我目前剛過六十歲，但打從兩三年前，竟然就開始收到同年者的訃文。原來，我也到了罹患攸關生死的疾病也不覺奇怪的階段，令人不得不正視年歲漸長的事實。

從另一方面看，當今剛滿六十歲的人還無法領取年金，我真的覺得這時候病倒似乎有點過早。想必也有不少患病者認為，當初若能及早發現身體不對勁的徵兆，就不至於演變到如今無法挽回的地步。

退一步來說，五十歲以後就該有所警惕，定期做自費健康檢查，做好萬全的健康管理。

年老之後最讓人擔心的事情之一就是——「萬一生了重病，得花一大筆醫藥費……」相信不少人都有這樣的憂慮。而有調查顯示，**定期做自費健康檢查的人所花費的醫療費用，遠比沒有做的人要來得少。**

這項NTT西日本高松診療所預防醫療中心進行的調查，是以三百三十二位四十歲、八百四十三位五十歲世代並定期接受其所屬組織企業舉辦的健檢者，以及三百零八位四十歲、一千四百九十二位五十歲世代並連續三年自費進行健檢者所做的五年追蹤調查。在定期健檢與自費健檢這兩組當中，不論是四十歲或五十歲世代，都是自費健檢組的醫療費用支出較少，四十歲族群之間的差額約有十四萬三千日圓，五十歲族群大概是三十三萬日圓。

醫療費用支出少，表示身體較為健康，這應該就無需多加說明了。

了解這一點之後，也許有些人想問：「我如果想做自費健康檢查，大概要花多少錢？」

各醫療院所的收費互有差異，從平價到昂貴都有，以下是某醫院的自費健檢收費標準，提供給大家參考。

—一日健檢：三萬七千三百日圓（不含稅）

—兩天一夜健檢：六萬二千三百日圓（不含稅）[3]

除了一般型的健檢套餐，還有檢查全身是否存在癌細胞的PET（正子電腦斷層掃描）、仔細確認腦內血管狀態的腦部檢查等特別健檢，也有不少診所可用額外加選的方式來進行這些檢驗。

容易罹患哪種疾病，或多或少與體質相關。因此，了解父母、祖父母、兄弟姊妹等家族病史，例如若有高血壓病史，最好定期做腦部健檢，就能有效降低突然發作的機率。

3編註：台灣的一般健檢費用，視各醫療院所標準而定，一日型約為一萬五千元～一萬八千元；二日型約為一萬九千元～二萬一千元。

每六～七個日本高齡者，就有一人罹患失智症

在生活中多多鍛鍊腦力，降低失智風險

依據厚生勞動省公布的資料，目前日本的高齡人口中，每六～七人就有一人罹患老年失智症。二〇一二年，六十五歲以上的失智症患者據推斷有四百六十二萬人，再加上還有同等數量的預備軍——「介於正常狀態與失智症之間的人口」，使得日本政府在二〇一五年一月決定，將失智症問題的解決方案納入國家政策。

失智症患者必須要給予密集看護，這對家人來說是很大的負擔；若無法在家自行照顧而想送入安養院等機構，由於目前正等待入住公立安養院的人數已

經很多，也有相當的困難。即便日後安養單位增加，要改善這種情況也非屬易事；若是改送民間機構，又得負擔較高的費用。

有些人認為，既然失智症患者處於「恍惚狀態」，本人想必也沒什麼壓力吧？實際上，這種患者的不安感十分強烈，自己其實也很痛苦。

目前，「能確實預防失智症」的決定性方法雖然尚未出現，但聚焦於「較不易罹患失智症」的研究成果倒是越趨明朗化，也給了大家一絲希望。

預防失智症的方法，果然還是要「多多鍛鍊腦力」，具體的做法如下：

1. **回想當天是怎麼過的，藉此鍛鍊記憶力**

每天睡覺前，試著回想當天遇到哪些人、說過什麼話、吃了哪些東西等。

2. **同時處理兩三件事，而不要集中只做一件事**

例如，旅行時一邊使用手機或平板電腦上網查資料，讓幾件事同時並行、多工處理。

3.**捨棄便利的工具，改成以手操作，讓手指多動一動**

多動動平常很少做細微動作的指頭，有助於活化腦部。

4.**不要懶於「讀書」、「寫字」**

看書時可以唸出聲音來、或是一邊抄寫，也可以挑戰漢字檢定考試。

5.**玩猜謎遊戲**

加拿大多倫多大學曾以「什麼東西能降低失智症罹患風險」為主題，針對營養補給品、運動等三十二種項目加以研究，結果顯示，唯一且效果最高的方法就是玩猜謎遊戲，尤其推薦填字遊戲之類和語言相關的選擇。

6.**聽音樂磨練感性**

嘗試彈奏吉他或鋼琴等樂器，唱唱卡拉ＯＫ也很不錯，挑戰英語或法語歌曲效果似乎更好。

「相抗體操」可預防失智，同時鍛鍊記憶力

運用各種相反動作，活絡大腦和肢體

從近年來快速進展的老年失智症研究中，我們已知——「多運動可以預防失智症，還有鍛鍊記憶力的效果」。根據日本國立長壽醫療研究中心對持續運動者及不運動者所做的六個月記憶力調查，對於半年前的事，有運動者還能記得十六％，不運動者則只記得十三％。

而其中最令人期待的，就是「相抗體操」的預防效果。所謂的相抗體操，是一種同時進行左右、上下反向動作的運動，以下就舉幾個例子供大家練習：

1. **上肢左右相抗體操**A

採取站姿，任一隻手臂往前伸直，另一隻手貼於胸口。伸直的手出「布」時，胸口的手就出「石頭」或「剪刀」，左、右手交替重複十～二十次。接著換成伸直的手出「剪刀」、胸口的手出「石頭」或「布」，像這樣變換左右手的組合，重複做十～二十次。

2. **上肢左右相抗體操**B

也有採取坐姿的相抗體操。坐在椅子上，右手握拳敲擊右大腿，左手則同時握拳磨擦左大腿。重複做十～二十次之後，左、右兩邊交換動作，再做十～二十次。若想再進階一點，則改以手掌拍擊大腿、以拳頭磨擦大腿。

3. **上肢左右相抗體操**C

右手向上伸直握拳，緩緩放下並換成「布」的手勢；同一時間，左手則以「布」的手勢從外側往內側移動，並且換成「石頭」。進行十次後，接著左、右手交換動作，再做十次。（也可以試試這樣的循環——上舉時為「布」、放下後改為「石頭」，以及在外側是「石頭」、往內移動後變成「布」。）這套動作也可以坐在椅子上進行。

4.上下肢相抗體操

兩手往左右張開，雙腳同時併攏；接著兩手併攏，雙腳同時張開。如此重複做二十次。

看起來年輕，身體的「實際年齡」卻不會說謊

和變老的身體好好相處，別再逞強

現代女性從外表看起來大多比實際歲數年輕，乍看以為是姊妹、其實卻是母女，這種情況並不稀奇。而且不僅是外表，連心態也十分年輕，這一點真是令我訝異。前幾天，診所的某位員工與女兒一起去聽現場演唱會，據說過程中她一直都站在走道上揮著螢光棒、手舞足蹈，不禁讓我驚覺，自己是不是太老派了？

像這樣身心都能保持活力，真的很令人佩服。然而身為醫師，我還是要提醒大家，「無論如何，都別忘了自己的實際年齡啊」。

外表再怎麼顯得年輕，身體還是在持續老化中，這是無法抹滅的事實。舉個例子吧，四十歲左右老花眼就會出現，截至目前這個事實還不曾改變。

生物為什麼會老化？至今仍然沒有定論，不過英國生物學家理查・德金斯（Richard Dawkins）在他的著作《自私的基因》（*The Selfish Gene*）中，曾提過如下的論述：「個體不過是DNA的載具，得以持續繁衍下去的並非生物體本身，而是DNA」。

根據這個論點，遺傳基因會藉由更換載具的方式來因應新狀況，因此作為載具的生物體本身之「老化」，是一種極其合理且根深蒂固於生物運作機制中的現象。

無論如何，人一旦過了四十歲，身體確實會一點一點地老化，因此，今後該如何與自己逐漸變老的身體好好相處，是非常重要的事。

別說是熬夜了，就連暴飲暴食、工作過勞、玩樂過頭等，**只要與「過度」兩個字相關的事，都要盡量避免。要有自知之明，自己已經到了與「逞強」、「縱欲」無緣的年紀了。**

父母總會離開，但孩子的人生還要繼續

照護親人的責任應妥善分擔，不要獨力扛下

從四、五十歲開始，有些人就得負起看顧雙親的責任，要照護的對象甚至是自己的妻子或丈夫。現今早已是「少子化」時代，大部分家庭都只有一、兩個孩子，可以共同分擔的兄弟姊妹不多，比起以往，現代人承擔的照護工作要變得更加繁重。

如果家中有雙親或另一半需要照護，想給他們最好的看顧乃是人之常情。然而，即使狀況各有差異，但照護工作的難度遠比想像中還高，我們卻又不能中途抽手、置之不理。

「等一等，千萬不要想著把自己的後半生都奉獻給照護工作喔！」

也許有人會認為我冷血無情，但我還是要鄭重地這樣提醒大家。

我尤其要疾聲強調：「**絕對不要為了全心全力照護親人而輕易離職。**」

說到無情，**假設要照護的是自己的雙親，一般說來，父母都會比孩子更早離開人世，父母的人生總有一天要結束，但是「孩子的人生」可還得繼續啊。**

這個時代非常現實，一旦離開了職場，想再重新投入將十分困難，除非妳的能力極好、又特別強運，否則要找回像之前那樣能感受生存價值的工作，恐怕不很容易。最好能向父母或另一半懇切地說明：「要是現在辭掉了工作，將會使未來的自己陷於『絕境』。」只要對方的失智症還沒嚴重到一定程度，是態度明理的人，應該都會理解與體諒。

或許，親友或鄰居會嚴厲地指責妳：「家人與工作，哪一個重要？」這時候也千萬不要感情用事，而應該坦誠、詳盡地說明自己的立場與想法，好讓對方了解。如果能懇切地提出請託：「我一個人能力有所不足，若是您也能提供支援，就請多多幫忙了。」相信對方的反應也會大不相同。

面對照護問題，首先可以仔細查詢公家機關的輔助資源並加以善用，誠懇地向地區所屬的社福單位或本地慈善機構表明自身的困境。相關組織的工作人員一定會竭盡智慧與經驗，以尊重需要照護者的立場，協助妳訂立合適的照護計畫，有必要時妳可能也得選擇照護機構。

只是，公家單位的支援畢竟有限，有些心腸較軟、或是責任感較重的人，即使有其他兄弟姊妹，也常因為不想互踢皮球，很容易就將照護責任全都「攬在自己身上」。但如果仔細思考過自己的未來，即便不願意，還是應該選擇讓所有的兄弟姊妹「共同分擔」。

有句話說：「工作・生活・平衡。」如何在自己的人生與照護的工作之間取得平衡，也是一個重要的課題啊。

有心思考，照護和工作還是得以兼顧

善用資源，根據自身的條件做出取捨安排

有位五十歲左右的單身女性，決定搬到職場附近居住，以兼顧電視台的工作與照護父親的責任。

她是我上某個電視節目時結識的工作人員，當時只見她在錄影現場調度自若，儼然是經驗豐富的老手。幾年後，我收到她寄來的搬家通知，說她搬到位在市中心的電視台周邊。能夠住在公司附近，還蠻令人羨慕的。

之後我偶然在其他場合遇見她，提起「妳搬到了一個好地方喔」，才知道其中緣由是發生了完全不令人羨慕的事——她得照顧年過九十的父親。

她的母親在十幾年前過世，父親從此就一個人住在小鎮上，最近卻在年前因為腦梗塞倒下了，必須有人照顧。其實她也可以讓父親住進安養院，但由於自己無法常去探望，她乾脆把父親接來同住，就近在家照護。她有個姊姊，但目前也正在照護先生的雙親，最近這種案例似乎越來越多了。

電視台位於市中心的高級地段，因此她花了一番工夫才找到一間租金便宜的老舊公寓，在此開始了通勤生活。搭兩站地鐵再加上步行，通勤時間大概是十幾分鐘；如果想歇息一下，午休還能回家小睡片刻。她說，**除了善用照護保險，她還自掏腰包僱請看護人員，以免自己身心俱疲**。

也有人說：「那是因為電視台的薪水還不錯，才有辦法這樣做吧。」其實她並非電視台的正職員工，收入並不如人們想像中那麼優渥，她可是努力地縮衣節食，才有辦法兼顧職場工作與照護生活。

「確定方向後採取行動，還是有辦法開拓出這條路。」她的照護模式，或許可以成為不錯的參考範例。

接受照護時，說「謝謝」比「對不起」更好

坦然地接受幫助，才能減輕照護者的負擔

說到照護，比起照護他人，必須「接受照護」的人應該會更覺難受吧。除了對家人感到抱歉，當周遭的人伸出援手時，也總會說著「老是麻煩您，真的很不好意思」，而女性的這種傾向似乎更要多過於男性。

即便是夫妻或親子的關係，請對方幫忙自己洗澡或上廁所時，也會因難為情而覺得彆扭。只是，現在的自己實在很難獨力完成，也只能讓對方協助了；既然非這樣不可，不如就自然而然地接受吧。否則若因害羞而身體僵硬，使氣氛變得緊張，照護工作就會更為困難，反而加重照護者的負擔。

盡量保持正面的情緒，多多微笑、幽默地應答，讓自己成為一個可愛的老太太吧。

接受幫助時，不妨說聲「謝謝」，而不要再說「對不起」，會讓彼此的心情更加舒坦。此外，也別吝於開口說聲：「我有這麼體貼的丈夫（孩子），實在很幸福啊！」

趁著身體還硬朗的時候，先想想自己希望接受什麼樣的照護，並且與家人溝通商議。健康時比較能冷靜地考慮整體狀況，並且與家人好好討論「如果是這樣，我想去住安養院」之類的準備安排。

最後，別忘了還有錢的問題。照護所需花費真的十分可觀，自己應該要未雨綢繆，先存好這筆錢，這也是現代人不可或缺的一筆老年支出。

人生折返點，正是憂鬱容易上身時

以「船到橋頭自然直」的心態，讓自己不留遺憾

我有一位高爾夫球友，從她的名字「知念」就能猜到她的老家在沖繩。她是一位五官立體、充滿個性的美女，雖然已經五十多歲，臉上依舊經常掛著青春、開朗的笑容。

她目前在一間不算大的公關公司擔任副社長，除了高爾夫球之外，她對能劇表演、太極拳、拼布手工藝等也很感興趣，嗜好十分廣泛。看她總是一身漂亮時髦的打扮，想必一定是過著晴空萬里的美好人生吧。

然而，她其實曾遭逢一連串的苦難。二十多歲就結婚的她，因為一直沒有生子，結果就與丈夫離異了。離婚之後，她便與朋友合資設立了經營至今的這家公司，剛開始生意興隆，後來卻受泡沫經濟影響，「好不容易才勉強撐了下來」。

位在市中心、辛辛苦苦付完貸款的房子，又得為了公司營運而拿去抵押，自己的存款更是常要掏出來當成周轉金。加上幾年前她被診斷出罹患膠原病，住院將近半年，至今還沒有完全康復，幾乎每天都要去醫院報到。既然如此，為何她還能這樣開朗呢？我滿懷好奇地問她，她則雲淡風輕地答道：「反正，船到橋頭自然直。」

她是在沖繩縣本島北部的大宜味村長大的，在世界衛生組織（ＷＨＯ）指定為「世界長壽地區」的沖繩，居民不僅都很長壽，女性人瑞更是特別多。這主要歸因於當地獨特的飲食習慣，以及人們即便上了年紀也依然努力下田工作、身體經常勞動等條件；而根據這位女性的分析，「船到橋頭自然直」的樂天觀念，應該也不無貢獻。

所謂「船到橋頭自然直」，也就是「不必過度擔心，事情總有辦法解決」的意思。在屢屢遭逢颱風等天災、地理上更是飽受悲慘歷史磨難的沖繩，即便日子再怎麼艱困，當地人也總是抱著這樣的想法，實在痛苦難耐的夜晚就大口喝酒、與同伴一起彈琴跳舞，精疲力竭後再倒頭大睡，藉此化解悲傷的情緒，不讓苦悶積累在心中。

以精神科醫師的立場來看，這種能夠順利化解「痛苦、疲憊」，避免積累負面情緒的方法，的確是非常良好的習慣。

已經發生的事，再怎麼後悔也不可能挽回事實。至於未來有何境遇，只有上天才知道，再怎麼擔心也於事無補。「問題總會解決」、「不要在意」，儼然是最理想的應對方式，而且確實有效。

對女性來說，在四、五十歲這個處於人生折返點、身心開始變化的關鍵時刻，也是「憂鬱」最容易上身之際。所以不論發生任何事，都要發揮「船到橋頭自然直」的精神，讓自己毫無遺憾地望向未來。

Part 5
大人的
相處之道

誠實面對自己，重新盤整人際關係

——以「感謝」為起點，別讓彼此的關係變得沉重

成熟大人的相處之道，就有如太陽系儀的運作模式，
每顆行星既能自立運轉，
彼此也能在理想的距離間維持平衡、美好的互動關係。
每一天都熱愛生活，感恩、豁然地看待每一份際遇，
在群體與自我的圓融協調下，人生將更為游刃有餘。

隨著年紀越長，越喜歡「關係親近的人」

重溫與家人的羈絆，找回幸福的基礎

不矯情而老實地說，上了年紀後，我發覺自己好喜歡有家人相伴的幸福、有朋友相知的喜悅，以及與交心夥伴共處時的快樂感受。

我的工作頗為忙碌，還要做額外的各種調查，再加上喜歡看書，以前我總是寧願減少與家人相處的時間，也要優先去做這些事。不過從幾年前開始，這種狀況出現了微妙的變化。

例如放假的時候，當我獨自窩在書房裡看佛教的相關書籍，從客廳傳來了孩子們和妻子的聲音……那一瞬間，我的內心就會突然湧現「自己好幸福」的

感覺。雖然我從未因此立刻自書房飛奔而出、衝向客廳，但只要想到身邊有一直支持自己的家人，很奇妙地，即使是正在看書的當下，也會感到深深滿足。

「如果問我，為了世界和平該做些什麼？當然是回家多愛自己的家人啊。」

這是德蕾莎修女所說的話。從小就決定當修女的她，終生都不曾擁有丈夫與子女。不過她卻非常了解，人們能夠擁有幸福、以及充滿和平與愛的人生，基礎就在於家族與家庭。

說得更精確一點，在這世界上，每個人一定都有「家人」。結婚的人自然不用贅言，即便是單身者，也一定有父母或手足、親戚；就連與自己關係非常緊密的人，有時也會感覺彼此就像一家人。在人生道路已走過折返點、漸漸瞥見老年身影的這個年紀，也應該重新繫緊與家人之間的羈絆了。

如果你已有一陣子不曾回老家，不妨趁下次連假回去看看吧。往後盡量縮短回家的間隔頻率，與家人之間的距離若能因此變得越來越近，就更理想了。

如此一來，內心能持續獲得撫慰的溫馨老後生活，將指日可待。

對於「往後的人際關係」，妳有什麼想法？

認真捫心自問，找到「反負為正」的契機

目前，自己已經擁有「非常完美的人際關係」，感到心滿意足；未來，只要繼續強化這些關係，一切就沒問題。能夠做到這種程度的人當然很好，只可惜為數實在不多。

絕大部分的人，不是為了夫妻或親子關係而苦惱，就是朋友不多、甚或沒有朋友，要心煩的事還真不少。

如果你平時非常忙碌，總是心想著「反正每天都是這樣過呀，無所謂吧」，而把這些煩惱暫拋腦後，該是時候靜下來誠實面對自己，捫心自問了：

對於未來的人際關係，自己有什麼樣的想法？想要怎麼做？要是一直抱著人際關係的困擾老去，未來的生活必定不會幸福。

我們就先來聊聊夫妻關係吧。

基本上我要問的是：「妳是不是還喜歡丈夫？」雖然不至於得有「怦然心動」的反應，但妳的答案若是「到了這年紀，也談不上喜歡或討厭了」，那恐怕也太淒涼了。

雖然不如年輕時那般熱血澎湃地「喜歡」，若是經年累月的相伴所產生的信賴感、親近感，以及真心的體貼，會讓妳有種「能和這個人一起生活真好」的感覺，這樣就算及格，妳可以說是真的很「喜歡」這個人。

但如果心中跳出來的答案是負面的，問題就非同小可了。對方可是妳未來還要一起生活二十年、甚至三十年的人，若發覺彼此「個性極為不合」、「話不投機，興趣也不相同」、「價值觀大相逕庭」，就不要拖到明天，趁現在趕快處理好這個狀況吧。

以前的婚姻都是由父母決定，自己無權發表意見，但如今早已大不相同，先別提戀愛結婚，就連經人介紹或相親，要與什麼樣的對象交往、結婚，都可以自己決定，所以另一半應該不會是個一開始就很難相處的人。

如果現在兩人之間有了嫌隙，不妨回想一下剛結婚的時候吧。究竟有什麼不一樣了？是哪些地方變質了？

在仔細推敲、探討的過程中，相信妳一定能找到「反負為正」的契機。

降到冰點的夫妻感情，也可能再度回溫

不如把離婚的力氣，先用來修補原本的關係

「我已經感覺不到愛情，但是離開丈夫，我就沒辦法生活了。」

我經常遇到這麼說的女性，由於當事人都是一邊笑著一邊說，感覺不像是認真的，但我想，這當中或許也有一點真心話的意味。

如果絕大部分是真心話，這樣的生活不是太「屈辱」了嗎？果真如此，要取回個人的自尊，就應該設法結束「為了生活，只好繼續跟著丈夫過日子」的狀態，甚至另尋一種讓自己抬頭挺胸的生活之道。

不過各位可別誤會，我並不鼓勵「熟齡離婚」。兩個人歷經好幾十年攜手

打造的關係，卻要在這個年紀一刀兩斷，就我個人而言，真的覺得太可惜了。

我曾聽離婚的人說，離婚所需耗費的精力可是結婚時的好幾倍。既然有這麼多精力，還不如用來讓陷入死胡同的自己敗部復活、起死回生。

有位女性就找到了自己能夠接受的答案。她的先生是流通業員工，夫妻倆育有人人稱羨的一子一女「完美組合」，在大家眼裡，她的生活堪稱是幸福又快樂。

其實，她先生每天都得忙到深夜才回家，假日也幾乎都因為「要工作」、「要出差」、「要去打高爾夫球應酬」等理由而出門在外，整個家彷彿就只有母子三人相依為命。漸漸地，夫妻之間的對話交流越來越少，一想到先生退休後每天都會待在家裡，她內心就極度不願過這樣的日子。

她決定等先生退休時就要離婚，於是考取了照護員證照，然後立刻去安養設施工作。只是，她一個人的收入實在無法支撐生活所需，加上工作必須承擔各種責任，精神上的壓力非常大。被需要照護的人感謝，內心當然很欣慰，但與上司、同事之間的人際關係卻令她十分苦惱，有太多事需要煩心。

就在她親身感受這些痛苦經驗的過程中，她想到長年工作的先生一定也經歷過同樣的煎熬，卻都獨自默默承受，為了家人只能咬牙硬撐過去，於是她看待先生的眼光也開始不一樣了。

她對先生湧起了諸多感謝與敬意，對他的態度也在不知不覺中有了改變。最後，她與先生相處的氣氛逐漸和緩下來，當初想要離婚的念頭，更是被拋到九霄雲外。

因此，只要善用想要離婚的決心與獨自生活的毅力，我堅信，即便是降到冰點的夫妻關係，也絕對有機會再次回溫。

退休的丈夫，會是親密的羈絆還是大麻煩？

利用「助跑階段」，規劃兩人新生活

雖然還不到「離婚吧……」的地步，但隨著先生退休的日子逐漸逼近，應該有不少女性也開始跟著戰戰兢兢。尤其是家庭主婦，長久以來「男主外、女主內」的美好生活即將受到威脅，想必會更加擔心吧。

畢竟，一早送先生出門上班後，接下來的時間幾乎都是自己的；如果先生晚點回家，這段期間也可以自行運用。只要把家事做完、家計顧好，就可以買想要的東西、去想去的地方，即便是有條件性的，實際上也算是自由自在、隨心所欲。

這種「名正言順」的自在生活，卻因先生即將退休而蒙上陰影。由於先生在家，致使身體狀況變差的「丈夫在家壓力症候群」患者，對她們來說，丈夫到底扮演著什麼角色呢？

好好思考一下，妳和另一半至今為止的夫妻關係吧。

假如你們的關係也如同上述情形，恕我說句公道話，問題並不只在丈夫身上，夫妻雙方其實都有責任。

退休的丈夫——與妳一同邁向人生終點的「旅伴」——將純粹只是個「麻煩」、抑或是妳最親密的羈絆，就看你們此刻決定，要維持什麼樣的關係了。

夫妻關係就像一般的人際關係，都不可能只是單方面出問題。之前能夠每天自由自在地生活，是因為先生要工作、平常幾乎都不在家。**先生一旦退休，待在家裡的時間增多了，生活的環境當然也會跟著改變。**

而這樣的現實變化，應該由兩個人共同地、平等地承受。如果光是太太自己嚷著：「我不想改變一直以來的生活方式，那樣對我來說負擔太大。」就似乎有點自私了。

夫妻兩方該如何面對這不同於以往的全新狀態？又該如何一起生活？

我想你們兩個人是應該認真討論退休之後的生活模式了，而且要慢慢朝著這個目標做好準備。

為退休日子倒數計時的每一天，不妨就當成是夫妻倆未來要以兩人三腳方式一起生活的「助跑階段」吧。

在埋怨丈夫前，先試著聆聽對方的心聲

是丈夫真的不用心，還是自己太獨斷？

如同「丈夫在家壓力症候群」所象徵的，面對退休生活，太太冷眼對待先生的案例似乎比較多。當然，這也反映出長年以來的夫妻生活實況。

「開口閉口都是工作、工作、工作。老是講公司的事，對家人漠不關心，太自私了。」

有時我們會聽到這樣的心聲，但這也可能只是妻子單方面的想法吧？妳有沒有聆聽過先生的真心話呢？

我工作的地方是專為癌症等重症患者及其家人進行精神輔導的單位，每當聆聽住院患者的心聲時，有絕大多數的男性，都是真心感謝太太一直以來的辛苦付出、或是擔憂太太的未來，這令我十分驚訝。

「別看她外表好像很堅強，其實我老婆非常脆弱啊。孩子們都已經長大離家，萬一我走了，留下她一個人怎麼辦？」

「年輕的時候收入不高，太太就這樣跟著我吃苦，一路熬了過來。原本打算等退休後帶她去旅行，多少報答她一下，沒想到竟然生了這場大病，又得讓她繼續吃苦了……」

許多丈夫說的都是這一類對於太太的感念，但是一見到妻子，他們卻又會馬上大聲斥喝：「妳真的很不長眼，我現在不想跟妳談這個！」

或許是因為有病在身，內心升起莫名的焦躁，於是對太太發脾氣，也或許只是因為現場還有同病房的患者或護士，而以這樣的方式掩飾自己的害羞；總之，東方男性真的很不懂得如何面對妻子或家人，心裡想的是一回事，表現出來的態度又是另一回事。

「不管是很晚回家、假日去打高爾夫球，還不都是為了工作，我自己也想早點回家呀……可是太太和孩子卻因此對我非常不滿，我在家裡也越來越沒有地位。」

我也經常聽聞同事這麼說。在外面打拚了一整天，回到家仍不得安寧，心裡卻依然掛念著妻子與孩子的生活。

仔細看看丈夫吧。從對方平常的言行舉止，多少可以看出他隱藏沒說的真心話。也請做太太的多加體諒，因為丈夫真的很拙於表達自己的內心啊。

或許有人會不滿地說：「為什麼只叫我一個人努力？」然而，知道了這個平常就很粗枝大葉的丈夫內心究竟在想些什麼，不但可以讓妻子重新看待自己的先生，也能為夫妻及家庭再次開啟幸福的契機。

我想分享一對夫妻的故事，這位先生罹患了嚴重的癌症。在妻子眼中，丈夫向來就是個「滿腦子只有工作」的傢伙，所以剛開始得知丈夫生病時，妻子非常生氣：「還不是你擅自搞壞了身體，才會得這種病！這就是你對家人不聞不問的報應！」然而，在長期與病魔搏鬥的過程中，她終於知道先生隱藏在心中的真實想法。

當先生戰勝了癌症終於要出院時，他對妻子投以感激的眼神說道：「我能夠活到現在，都是老婆妳的功勞。」

而妻子則回應：「是因為孩子的爸自己也很努力呀。我才要謝謝你從以前到現在為我們所做的一切。」

看見妻子對丈夫的尊敬目光，任誰都能感覺到，這真是一對幸福的夫妻。

老後的夫妻，就像在玩「兩人三腳」

彼此都要學會自立、又能共同分擔生活

常聽人說：「夫妻就是兩人三腳。」所謂的兩人三腳遊戲，是只要其中一人沒走好，另一人也沒辦法好好前進、或走得東倒西歪，兩人之間失去平衡、無法同步，就會應聲跌跤。妳是否也有過這樣的經驗呢？

夫妻兩人的老後生活，接下來才正要開始，而這條路走起來，真的就像在玩「兩人三腳」。身體已不再像年輕時那般硬朗，夫妻雙方若無法自立，就難以步調合一、順利地往前邁進。

之所以會罹患「丈夫在家壓力症候群」，最主要的原因就是先生退休後在

家無所事事，而妻子的家務負擔卻變重了，於是逐漸累積不滿，進而導致身心不適的症狀。

的確，以前丈夫白天都在外頭吃飯，而且總是遲歸，也很少在家吃晚餐。但丈夫退休後，妻子就得準備一日三餐，打掃、洗衣等家事也得照做，畢竟家庭主婦是沒有退休可言的。

隨著年齡增長，夫妻兩人的體力也會逐漸變差，家事若能夠平均分攤，才是最理想的狀態。當然，原來的狀況不可能一口氣完全改變，剛開始可以讓先生負責餐後收拾、洗碗的工作，或是隔天的早、午餐改由先生下廚，每星期再輪班打掃、洗衣，慢慢地將家務平分。

提升先生在生活上的自立能力，可以說是妻子的責任。長年操持家務的妻子，與平常總是把這些工作交給太太負責、幾乎不曾接觸的丈夫，兩方的打理能力當然落差極大。不過，有了教養孩子的經驗，妻子要從零開始教導先生，應該也不是難事吧。

教導的秘訣有兩個——「就算只做到一、兩分也要褒獎一下。」「不論拜託對方做什麼，都別忘了說聲謝謝。」接下來妳只要花點時間、耐住性子，努力讓先生學會自立。

雖然已經說過好幾次，但我還是要重申這個論點——**伴隨著先生的自立，「妻子也必須能夠自立」**。

例如，老後生活的資金管理、投資運用、稅金支付、財產繼承、保險事務等，不能全都推給丈夫處理。如果妳的態度是「錢的事情我完全不清楚」，就「沒有資格批評先生不做家事」。

例如先生在填寫繳交稅金的文件時，妳可以表示：「我也想了解一下。」請先生教妳申報的相關手續，讓自己也學會獨自處理原本不擅長的事務。

說得嚴肅一點，夫妻中總有一人會先踏上最後旅程，留下來的若是自己，因為無法自立而造成生活不便也就罷了，但如果留下的是對方，又該怎麼辦？所以，趁現在認真學習彼此所分擔的項目，才是上上之策。

即使生存之道有別，依舊緊密相繫

以信賴與尊重為前提，做一對自由的夫妻

放眼全世界，被公司外派各地的情況已經相當普遍，而且有越來越多人認為，「雖然是夫妻，也不見得兩個人都要一起前往」。

有一位我認識的女醫師，就是如此。醫師的生活圈很小，所以同為醫師、或是醫師與護士結合等都在醫療單位工作的夫妻檔相當多。不過，這位女醫師的先生則是一位美容師，在東京郊外的住宅區開了一間時髦的沙龍。

這間沙龍的工作人員是零，雖然規模不大，但美容師可以從容自在地與熟客們聊天，讓每一位上門的顧客由衷感到滿意，這種類似「客製化」的經營模

式，在當地十分受歡迎。

我這位擔任看診醫師的女性朋友，在兩年前即將退休時，決定去東南亞的小國從事醫療工作。**能夠在全世界綻放醫療之光，是她邁向第二人生所立下的志業。知道了她的心願後，她的丈夫也全力給予支持：「去做妳想做的事吧。」**即使對夫妻兩人各居一方的生活仍有些猶豫，但先生還是讓妻子這麼做了。

因此，這對夫妻目前就過著太太在東南亞、先生在東京郊區的分居生活。她是當地唯一的醫師，每年只能休假一次，大約可以待上一週。而丈夫因為要經營沙龍，不太容易休長假，所以這兩年來，先生只有一次以順便「勞軍」的心情飛去當地與妻子見面。即便如此，**夫妻兩人互相信賴、也尊重彼此的工作與意願，所以這種生活模式對他們來說完全沒有問題。**

在這個便利的時代，只要利用Skype，夫妻倆每天都可以透過視訊見面聊天，「說不定我們現在聊天的時間，比兩個人都在家時還要多呢！」兩人如此說笑著。完成教養子女的責任之後，像這樣自由自在的夫妻生活，似乎也很理想呢。

進行「伴侶」社交，夫妻一起認識新朋友

開辦家庭Party，成雙成對進行互動交流

留學美國時，最令我羨慕、也希望自己的國家能有的社交習慣就是：人與人的交往，基本上是以「成對」為單位。之後又過了好些年，但直至今日，在日本不論是商業餐會或私人聚會，仍然很少有男性會帶著妻子同行。

想要邁向「成對社會」，可以做的第一步就是：等孩子大一點之後，不妨試著開個家庭party吧！而這個party的規則，就是每個人都必須攜伴參加。如果是單身女性，則可以邀請男友、朋友或同事一起前來。

趁此機會與其他夫妻拉近距離，可以從中學習到諸多「夫妻相處之道」，

這也是伴侶社交的好處之一。

「我們家週末都會輪流『放假』。星期六如果是我做家事，我老公就可以翹二郎腿；相對地，星期日就輪到他做所有的家事，換我輕鬆一下。」

有這樣做的夫妻，當然也有夫妻是另一種相處模式——「真好，我們家原則上是老公啥事都不用做，可是他每個月要帶我去看場電影、或出門吃一頓大餐。錢當然是由老公付囉。」

聽到這些話，那些既沒有幫忙家務、也不曾請老婆外出吃頓美食的先生，應該會有些慚愧並自我反省，進而慢慢改變。這樣與其他伴侶交流，也是夫妻重新審視彼此相處之道的大好機會。

此外，以夫妻為單位彼此交流，也可以加乘人際關係，增添更多樂趣與充實感。我有一位朋友體貼即將退休的丈夫除了公司同事之外，沒有其他朋友，於是找了大學時代的女性好友和她先生，相約去溫泉旅行。一部車四人共乘，一路上大家輪流開車。

我這位朋友的先生是化學公司的研究開發人員，而她大學好友的先生則是地方公務員。一開始還讓人有點擔心兩位男士可能沒有共通話題，但聊了一陣子之後，原來他們竟然都喜歡養熱帶魚，甚至還撇開了太太們，自顧自聊起了「鬥魚」。順帶一提，「鬥魚」是一種觀賞魚，又有「活生生的室內擺設」之稱，後來這兩位先生還相約要去參加同好們的聚會呢。

以夫妻、伴侶為單位的交流方式，或許是因為身旁有可以讓自己放心的伴侶、不需要太過緊張，拓展起人際關係似乎也變得輕鬆、容易許多。

雖說是舉辦家庭party，但在歐美這並不算非常正式的聚會，只要準備幾道方便的外燴或熟食料理，或是再加上一兩道「這是我自己做的拿手菜喲」，飲品則大多是造訪的客人帶來。Party上聚集了好些成對出席的客人，彼此可以問候聊天，其中也有初次見面者，如此一來，自然就會結識更多人了。今後，不妨多多開辦這種輕鬆的家庭聚會，增加夫妻一起結交新朋友的機會吧。

能對孩子放手，才是最棒的父母

趁早讓孩子學習獨立，是為他們的未來著想

老年生活的三大危機是「健康、金錢、孤獨」。其中，對於金錢的不安感之所以節節高升，主要是因為近年來「無法自立的孩子」、也就是所謂的「啃老族」越來越多。

最近，由雙親陪著參加大學入學式已變得理所當然，甚至還有父母會參加孩子初次上班的入社儀式。在當今少子化的時代，家裡只有一、兩個孩子，我可以理解父母想把他們捧在手掌心上寵愛的情感；然而，之所以有太多父母分不清「愛」與「寵」的界線為何，只能說是因為不夠成熟的高齡者也變多了。

如果真的「愛」孩子，為人父母最重要的工作便是讓孩子學會獨立。看看電視節目裡動物養育孩子的情景，不管是哪一種動物，父母在孩子出生後就會徹底教導各種方法，讓孩子知道如何在險峻的環境中「自己捕獵攝食，如何做好危機處理、想辦法活下去」。

以甩動著華麗勇猛的鬃毛場面大受歡迎的歌舞伎舞蹈「連獅子」，其中有一段演出內容，就是當親獅看見掉進谷底的幼獅奮力攀著崖壁、終於又爬上來時，因為孩子已能獨當一面而深感欣慰，於是親子一起甩動獅鬃、盡情舞蹈。這段舞蹈正象徵著，孩子能夠獨立，才是真正讓親子皆大歡喜的結果。

然而，人類父母卻往往做不到這一點，認為對孩子放手是最糟糕的父母。平常總是溺愛孩子，等到自己老了、孩子該憑一己之力為生活打拚時，才跟孩子說：「好了，你該獨立囉。」這實在是沒道理啊。獨立哪能夠急就章？這也想得太容易了。

在孩子長大成人之前，就應該慢慢讓他知道「獨立」的重要性與困難度，教導他二十歲過後——再遲也應該在大學畢業、進入社會後——就要離家、靠

自己的力量活下去。

嘗試一個人過日子，孩子會漸漸理解到錢不是那麼好賺，還要自行打理三餐、清掃、洗衣、採購、倒垃圾、與鄰居相處等生活大小事。透過這些體驗，對於把自己養到這麼大的父母，孩子就會由衷升起感謝與尊敬之情。

尤其有不少單身女性一直住在家裡，所有家事全讓老媽一手包辦，這種生活方式也大有問題。假日裡母女倆高高興興地一起去血拼或吃美食，聽到人家說：「兩人好像姊妹一樣！」就開心不已，乍看之下似乎很幸福，但這其實顯示，母女倆在精神上根本都還不成熟，算不上是大人啊。

邁向老後新生活的第一步，便是毅然決然地放開孩子的手。父母總是會比孩子更早離開人世，不可能照顧他們一輩子。各位一定要切記，趁早讓孩子學習獨立，才是真正為了他們的未來著想。

孩子離家獨立時，自己的房間要自己清空

讓孩子的房間保持原樣，其實是不願斷離關係

當孩子出社會、或是結婚要搬離家裡時，「你的房間就保持原樣吧。」——妳是否也對孩子說過同樣的話？

孩子都長這麼大了，卻還不能獨立，最主要的原因之一就潛藏在這句話裡。何以都要自立離家了，還是沒辦法好好整理自己原本的房間，將不要的東西收拾乾淨、把房間清空呢？

要知道，有其親必有其子，如果孩子什麼都不整理就要離開，不妨先提醒他們：「我家可不是倉庫喔。」

父母親之所以讓孩子的房間保持原貌，主要是因為打從心底強烈地不願與孩子完全斷離關係。孩子當然也會感應到這種心情，於是便造就了「既然是爸媽要等我回來，也許哪天我就回來了」這種耍賴的結果。

孩子的房間，應該讓他自己清空後還給父母，而妳可以把這裡拿來當成自己使用的地方、夫妻各自的寢室、或是從事嗜好休閒的空間等。擁有了自己的房間，就能跳脫長久以來扮演的主婦或媽媽角色，重新切換回自己想走的人生道路。孩子看到這樣的結果，說不定反而會更為安心和篤定。

長久以來相互陪伴、難分難捨的親子關係，在如此整理之後，相信不論是父母或孩子，都會感到更自在、更清爽。

祖父母的角色，應該只是間接的「緩衝墊」

別一直黏著孫子，教育資助也要冷靜處理

緊接在「黏著孩子」的父母後面，還有「黏著孫子」的爺爺奶奶。最近的幼稚園和小學，別說是入學典禮或畢業典禮了，就連運動會、園遊會等活動，也都得租借較大的場地舉行，因為一個孩子的後頭可能跟著爸爸媽媽、雙方的祖父母，甚至是還沒結婚的姑姑（阿姨）、舅舅（叔叔）等一大票親人來參加。這種現象真是令我大感驚訝。

我非常明白孫子有多麼惹人疼愛，但平常就認為「疼孫子是理所當然」，因而讓小孩覺得「只要向爺爺奶奶開口，什麼願望都能達成」，這樣的寵溺態

度，反而會使祖父母的存在變成教育孫子的障礙。

金錢的用度也是如此，**千萬不要為了孩子或孫子而出手闊綽。以我自己為例，除了聖誕節或生日，平常我在孫子身上只會花一點點錢，大概就是「每個月給的零用錢」這種程度**。

近年來，日本政府卻抓緊這種被孫子迷得團團轉的「祖父母心態」，祭出在限定期間內，贈與給每個未滿三十歲子孫（包括孩子、曾孫）的教育基金，最多可有一千五百萬日圓的免稅優惠。一千五百萬日圓要支付的贈與稅很高，但若是納入教育基金就不必課稅，從往後的財產繼承稅來考量，確實頗為划算。

只是這種制度導入後，也許有些祖父母會認為：「其他的祖父母都給了每個孫子一千五百萬日圓嗎？那我們是不是也該多少出點錢？」其實，這項法律應該只是為了讓高齡富人手頭上的金錢重新回流市場的一種策略吧。

姑且不論此事，我也觀察過最近一些高齡者與孫輩的互動，恐怕有些太過親暱了。幼稚園或小學的活動原則上應由父母參加，祖父母只要看看照片或影片，像這樣保持一點距離似乎更為恰當。如果父母親實在太忙、或夫妻倆想要有一點獨處的時間，則可以偶爾請祖父母照顧一下孫子，讓祖孫聊聊天。這同時也是個好方法，間接地讓孩子道出不敢跟父母說的煩惱。

「前幾天我考了五十四分，媽媽好生氣喔！」當孫子一臉沮喪地這樣說，祖父母不妨安慰他：「沒關係，偷偷跟你說，其實你媽媽小時候也考過這種分數呢。」像這樣成為孫子與父母之間的「緩衝墊」，才是祖父母該做的事——不是與父母親同等的直接關係，而是一種間接性的角色。

在支援教育費方面，若各別仔細討論過如何處理，那當然無妨，但也別忘了自己還有漫長的老年生活要度過。「我如果現在出錢幫你們，將來我老了，也許就要你們來照顧我了。」類似這種交換條件式的支援，還是盡量避免比較好。

無論是孩子或孫子，基本上都必須教導他們學會「自立」與「自律」。未來的人生必須能「以自己的力量活下去」，這樣才是祖孫三代最無牽無掛、理想愉快的相處之道。

老後人口遺留的空屋，將造成社會問題

老家的處置方式，要與親人及早討論

最近在日本急遽浮上檯面的一個議題，就是「空屋問題」。根據總務省所發布的全國「閒置空屋」數量，近年來共有三百一十八萬戶。人煙稀少的邊陲地帶，一直以來就存在著這個狀況，但近來快速增加的空屋，竟然都是位於大都市周邊的住宅區。

現今熟齡世代的父母親，相當於是在日本的不動產泡沫時代成家立業，當時他們多半居住在搭公車或電車得花費一小時以上才會抵達的郊區，一直到退休之前付清貸款，才真正擁有一間屬於自己的「自宅」。

在那個年代，「家庭主婦．核心家庭」開始成為主流，先生每天通勤雖然辛苦，但還是撐起了一個幸福溫暖的家。到了今天，父母很自豪地認為：「雖然我只是個上班族，沒什麼鉅額財產，但至少能留下這房子給小孩。」然而，孩子們卻不領情，覺得這間位於郊區的房子實在太不方便而「不想要」，一心只想搬到市中心。

現今，日本的人口已經減少（主要是因為少子化與高齡化），一般夫妻也是兩方都有工作，組成雙薪家庭，以致於得花費許多時間通勤的郊區住宅，漸漸無法滿足時代的需求。

空屋問題的形成，不僅僅是因為原本的住戶死亡，也有些人是在配偶過世後，轉而住院或搬進安養設施等地，使得原本的房子成為空屋。空屋有可能引發犯罪或火災等安全上的問題，對於周邊地區也會帶來極大的負面影響。只是我想不透，這些房主的孩子或親戚等家族成員，何以能棄置這些空屋於不顧？雖然其中緣由或許是與稅金或繼承問題有關，但放任房子閒置而造成鄰居的不便，其實是很不負責任的做法。

將父母的家整理乾淨，以及最後要怎麼處置這些房子或土地，已成為值得重視的課題。如果你覺得「自己的老家未來也可能出現類似問題」，就要趁早和兄弟姊妹想好處理的方式，以免給當地的居民帶來困擾。

除了解決這個棘手狀況，時間上較有餘裕的熟齡世代，最好也能多增加兄弟姊妹彼此相聚的機會。正所謂「血濃於水」，手足之間的羈絆，有別於親朋好友的關係，若能一起分享喜悅、相扶相助，那就再好不過了。

長輩圈若能夠維持這樣的往來關係，孩子們彼此接觸的機會自然增加，堂（表）兄弟姊妹之間，也可能像親手足般相處愉快。在少子化的時代，與親戚保持良好互動，也是相當重要的。

熟齡生活要開心，一定要「擁有朋友」

認識不同圈子的人，踏入前所未見的新世界

不管是單身女性、或是為人妻母者，老後時能夠開心生活的條件，絕對是「擁有朋友」。

年紀增長後，能夠自由支配的時間也大幅增加。即使妳很享受休假時獨自去做些喜歡的事，卻也可能發現，老了以後再怎麼喜歡一個人獨處，擁有的時間似乎還是太多了點。

我在散步時經常遇見一位女性，每次她都會跟我說：「昨天和○○一起吃晚餐，十分愉快呢。」或是：「明天我要跟在地區交流會認識的朋友一起去保

時光。

養所喔。那是公家的設施，而且有年長者優惠，住宿費很便宜，可以泡溫泉、食物也不錯，你改天要不要也去體驗一下？」看來她十分享受熟齡生活的自由時光。

能夠擁有幾位同樂共遊的友人，確實是很棒的事。一聽見我說：「妳有這麼多朋友，真令人羨慕啊。」她便得意地回答：「因為我很認真地參與『交友活動』啊！」

其實她在五十五歲之前，朋友屈指可數，人際關係十分薄弱。就在那時，她的母親因為父親過世而開始獨自生活，身邊幾乎沒有朋友，身為女兒的她雖然掛心母親能否適應這樣的變化，但工作實在太忙碌，也無法經常回家探望。

母親為了不讓她擔心，開始主動結交起朋友。她從附近的店家聽聞「某位太太好像也是一個人住」，就帶了些點心前去探訪：「我最近也開始一個人生活，要不要我們就做個朋友吧？」即使是隻身去參加巴士旅遊，回程時也會變成兩、三個朋友同行，老後生活能過得如此熱鬧愉快，著實令人佩服。

目睹母親的例子，她想想自己也即將邁入老後生活，於是立刻展開行動，努力結交朋友。

一般所謂的朋友，大多是學生時代認識的同學、工作時遇見的夥伴，或是媽媽友人等年紀及生活環境相差不多的對象，但她還想再擴大自己的社交圈，與平常較少有機會認識、來自世界各地的人們結為朋友。於是她也積極參加各地舉辦的市民馬拉松、或是富士山清山義工隊之類的活動。正因如此，現在她才能與嗜好各不相同的男女老少來往交陪，擁有令人稱羨的「好友們」。

「友情是瞬間綻放的花，而時間會使它結果。」

這是十九世紀德國軍人柯策布所說的話。要認識人不難，但要發展成稱之為「朋友」的人際關係，是需要時間培養的。若「想要多結交朋友，以豐富老後生活」，就立刻採取行動，積極拓展交遊圈吧。

最理想的「交友活動」，就是走出自己的象牙塔，積極拓展新的行動領域。行動領域越大，就越有機會結識更多不同類型的人物，朋友的數量自然而然也會增加。

聰明換屋、整理收納，是大人的教養

趁著大掃除清理人生，也改變價值觀

日本女星中村MEIKO最近決定搬離住了三十年的獨棟房子，住進空間只有老家三分之一的大樓裡，而她所丟棄的物品，竟然裝了七部卡車之多。

從兩歲開始參與演藝活動所累積的劇本、照片，超過一百件狀況極好的和服，還有一整個櫃子的洋裝衣物，其中也有參加紅白歌唱大賽時所穿的表演和服……但她還是瀟灑地捨棄了。連她先生作曲家神津善行的鋼琴也被處理掉，這種毅然決然的作風堪稱「大器」。如此大刀闊斧，應該也是為了現在、甚至是往後的老年生活，不得不為的決定吧。

「整理收納是大人的教養。」

中村MEIKO這樣告訴我。平心而論，一直住在同一間屋子裡，要如此大規模地整理充滿重要回憶的物品，談何容易。「應該用不到了，但又捨不得丟棄」的東西，就這樣陸陸續續堆進以前孩子居住、如今已清空的房間。

終於，孩子的房間也塞不下了，東西於是又逐漸蔓延、囤積到近來很少使用的客房……

所謂的「垃圾堆房子」，大概就是這樣形成的。

考慮到將來在老後得大肆整頓、或是可能搬家，最好還是趁五、六十歲時趕緊處理家中物品吧。否則屆時恐怕會變得萬劫不復，搬不了家也無法收拾，就這樣老去而後悔不已。

我的診所有位今年春天要退休的員工，一直住在診所附近的大樓裡。與中村MEIKO不同的是，她決定退休後要搬進位於郊外渡假區的獨棟房子。

那裡空氣新鮮，晴天時可以仰望富士山，景觀絕佳。我問了問房價，便宜到幾乎令人瞠目結舌。在這個處處有空屋的時代，只要花點心思搜尋，就能發現不少房價低廉的中古屋或別墅，正在尋求新屋主。

也有人認為，「要在這種地方養老，真佩服她的勇氣啊！」但她是經過深思熟慮才做了這個選擇，往後也證實她的決定十分明智。

這個位於渡假區的新家成了朋友聚會的最佳場所，反正她是一個人住，誰來都無妨。若是搭乘快速巴士，從東京過來只要一小時，感覺上不會很遠，附近又有知名的溫泉，有好幾家溫泉旅館，正適合做一日來回的小旅行。

此外，既然是渡假區，不但有提供在地美味料理的飯館，也找得到裝潢不錯的餐廳；或者來訪的朋友就在她家裡閒聊談天，順便一起做點簡單的吃食，也頗為愜意。而最大的收穫莫過於訪客在這裡住了一兩天之後，彼此的距離也迅速縮短，立刻就成了超級好朋友。轉眼間，她的知交密友也越來越多了。

妳覺得如何呢？這麼聰明的換屋經驗，一定要跟大家分享。

大人的相處之道，首重「君子之交淡如水」

希望友誼長存，就別讓關係變得沉重

女性與朋友之間的相處，剛開始總會異常親密，然後便漸漸疏遠……大概都是這樣的模式吧。

尤其上了年紀之後，可能是孩子多半都已離家自立，不少女性會對周遭的人們特別細心、體貼。她們或許是認為，只要待人親切，任誰都會覺得感恩，而對自己產生好感，彼此的情誼也會更加緊密。事實上，人際關係的來往相處並不是這麼簡單。

有一位女性總是竭盡所能地待人親切，希望周遭的人們都認為她「心細如髮、設想周到」。例如，她會送來沖繩的特產：「昨天我去逛百貨公司，剛好在舉辦沖繩特產展。記得妳說過老家在沖繩，想必一定很懷念吧？」一聽朋友說：「我其實蠻怕冷的。」她就送來一些厚的家居服：「這些給妳在家穿吧？反正我很少穿到，您別跟我客氣。」

她身邊的人都很了解她這種「擇善固執」的脾氣，但真要說實話，總是這麼做，反而會讓彼此的交往關係變得沉重。

送禮與收禮、請客與被請，兩者之間的平衡點著實很難拿捏。考慮到彼此經濟狀況所能承受的負擔，若希望友情能長久地維持，一般來說，各自付帳是最好的做法。若要收送禮物，只要在生日等特別的日子為之。

覺得彼此很談得來，馬上就邀請對方「一起去吃飯吧？」接著又是「看電影」、「去旅行」……不厭其煩地想邀對方做些什麼，說不定對方會覺得很困擾，務必記得別太過積極了。

也許對方還有其他朋友，如果是有子女的年長女性，說不定孩子已結婚、甚至有了孫子，必須將多數時間留給家人。尤其開口邀請者若是單身，實在不便以這些事做為拒絕的理由，因此更要特別留意受邀者的個人情況。

朋友之間的來往，最重要的是維持「君子之交淡如水」。味道濃厚的食物剛開始吃的時候，都會覺得美味，但多吃幾口就容易膩了。同樣地，與年長女性來往時保持「淡然」，友誼反而更能歷久彌堅。

以前是朋友，現在也可以是朋友

打開記憶的匣子，和故人老友重拾情誼

我有一位工作上的朋友，送來了北海道土產。聽她一說，才知道她是跟大學時代的好友來了一場「北海道約會」。

這位朋友四十歲，離過一次婚，唯一的兒子已經獨立，她自己也退休了，目前她每週都會來我的研究室幫忙兩、三天。「現在好不容易有一點自己的時間了，回頭想想，以往有那麼多親密摯友，後來卻很少與這些『曾經的好友』見面相聚。」

因此，她打了電話給這些熟稔的舊識，轉瞬之間，許久未曾聯絡的這段空

白時光就像變魔術般倏地消失，以往的親密感又再次回溫復甦。

其中，有位住在札幌的朋友，是學生時代曾和她一同旅行各地的好夥伴。電話中，兩人的回憶一下子全被拉了回來，「好懷念喔」、「時間真的過得好快呀」之類的感嘆，更是此起彼落。

那位朋友結婚後就一直住在札幌的郊區，育有三個孩子，接著又開始照護高齡九十六歲的婆婆。等到送走了婆婆，總算可以喘口氣的時候，去年她的先生又罹患失智症，現在只有先生白天在社福單位接受照護時，她才有一點自由的空檔。

奇妙的是，兩人在講了好久的電話之後，竟然興起了「不妨來見個面」的念頭。不過，這位北海道的老友有個難處，她如果送先生去社福單位後再前往札幌市中心，又必須趕在照護結束前回到家，如此一來，她們兩人相聚的時間只能有短短三小時。因此，她決定從東京搭飛機前去赴約。

「對於領年金度日的我來說，這筆花費的確有點高，但為了友情，一切都值得啊。」

雖然隔了二十年之久，她才終於又和這位札幌的朋友相見，但那種開心、快樂的感覺卻是近年來前所未見。之後她又透過電話、E-mail，與更多老友重新架起了友情的橋樑。

有道是「以前是朋友，現在也可以是朋友」，若回溯至孩提時代，每個人的「朋友之泉」有多麼豐富，絕對超出妳的想像。所以何不積極一點，也重新找回妳以前的好友呢？

老後生活中，遠親不如近鄰

現在就要積極參與社區活動、多結識鄰近好友

老年之後，能夠發揮真正價值的，便是在徒步可至、或是騎自行車來回的距離內所能觸及的鄰近好友。而孩子念幼稚園、小學和中學時所結交的「媽媽友人」，正是最理想的鄰近好友。如果已經有一陣子沒跟她們聯絡，不妨主動一點、製造見面的機會，為這段人際關係重新加溫。

不過，請盡量避開孩子的升學計畫或結婚對象之類的話題，即便稍微提及也要盡快轉移焦點。否則，就算自己無意比較，也難保對方不會誤以為你姿態甚高，因自身狀況無法比擬而內心覺得受傷、或是衍生負面情結。

長年都在職場奔波忙碌的女性，在家裡的時間就只有清晨和晚上、以及休假日。再想想那些即將退休的男性吧，別說是在地的朋友了，絕大部分的人可能連住在附近、可以輕鬆打個招呼的熟人也沒有。因此，**也差不多是時候，該認真與社區裡、地方上的人們好好往來了。從寒暄問候開始，直到建立友誼，也是得花些時間費心經營的。**

有位女性打算去參加在市公所隔壁的公園舉辦的「市民慶典」回收活動，因為她剛開始進行「小型斷捨離」，在家裡陸續翻出了一些自己用不到、但或許有人需要的物品。由於是第一次參加，當她前去說明會、以及在現場做準備時，有些義工前輩都會跟她寒喧，雖然活動時間只有兩天，她卻已經結交了不少朋友。有些人買了她帶來的東西、或是跟她聊天話家常，再加上大家都住在附近，彼此還交換了聯絡方式。

一下子就認識這麼多在地的鄰居，她自己更是笑逐顏開。她說：「今後我要多參加這類活動，慢慢融入這個社區。」如今，在市民慶典以外，她也開始關注居住地附近所舉辦的各種社區活動了。

妳有可以託付家中鑰匙的鄰居友人嗎？

做好「一個人死去」的準備，有尊嚴地離開

「遠親不如近鄰。」自古人們就已知道，要是發生什麼萬一，能夠託付的人還是住在附近的鄰居。江戶時代的「六軒長屋」，都有三軒兩鄰，也就是包括自身在內的左右鄰居總共六戶人家，都要維持「親戚一般」的關係，相互支援與幫助。

到了現在，大家往往覺得跟鄰居打交道很麻煩，加上尊重個人隱私，與左鄰右舍的來往也盡量減少到最低程度。不過，這種態度似乎也慢慢有了變化。往後將會是「一個人的老後」時代，這一方面是因為單身主義者增加了，

此外在孩子長大後，伴侶先離世而決定獨自生活的人也有不少。而如果問起：「對於一個人的老後，感到最不安的是什麼？」大家異口同聲的答案都是：「孤獨死。」每個人都是獨自來到這個世界，也是一個人離開；即便如此，死了之後沒有人發現，就這樣孤零零地躺在那兒，如此的景況光是想像，就不禁讓人傷感、難過。

為了盡可能避免這種處境，聽說最近開始有人思考，該怎麼做才能如己所願地迎接一個人的最終旅程——其中也包括後事的處理。

身為一個自立的人，有尊嚴地死去，而不是淒涼地「孤獨死」，才是生而為人應有的姿態，也無需受到孤獨寂寞的折磨。而這樣的死亡，可稱之為「一個人死去」。

要為「一個人死去」做準備，最好趁著身體硬朗、頭腦還清楚時，認真地思考，當自己因為生病或老邁，而無法單獨生活的時候，「想要怎麼做」。

是要繼續住在家裡、還是去安養院？如果病重時，要接受維生治療到什麼程度？撒手人寰後要通知的人有哪些？想葬在哪裡？希望自己的墓地是什麼模樣？……將自己的期望一一記錄下來。

然後，將這份筆記交給鄰居、或是告訴對方妳把它放在家中的哪一處。換句話說，能夠幫助妳好好「一個人死去」的人，不是住在遠方的親戚，而是每天都與妳見面、打招呼的鄰居友人啊。

準備好「一個人死去」的重要關鍵，就是「鑰匙」。記得先把家裡的鑰匙交給鄰近的熟人，而這就關係到自己是否結交了值得信賴的鄰居。妳的身邊，是否有這樣可以託付的人呢？

步入晚年之際，住家附近如果有熟人能寄放鑰匙，萬一自己身體不適而無法動彈、或不慎弄丟鑰匙時，可就大有用處了。現在的鑰匙做得十分精巧，一旦遺失，只能找鎖匠來解決，不僅浪費時間、還得多花錢。「沒問題，我有熟人就住在同一棟大樓。」若有這樣的朋友，真會讓人放心不少。

「怎麼可能把鑰匙寄放在別人家！」會這樣想的人，不妨就趁這個機會多思考一下吧。

人與人交往的原點，是「感謝」二字

年紀漸長，才意識到自己獲得了多少幫助

眾所皆知，本田汽車的創始人本田宗一郎退休之後，曾經以「行腳答謝」的方式徒步全日本。

本田在退休時，早已躋身世界級的汽車製造商，但其實他的學歷並不高，創業之初也只是開了一家靠四處可見的自行車店維生的小小自行車工廠。從這個起步一直發展到世界級的本田企業，一路上他不知受過多少人的幫助，因此在退休後，他特地行腳到日本的各個角落，只為了向曾經在本田工作的員工、曾經伸出援手的公司經營者等「本田的有緣人」，表達感謝之意。

偉大的成功者背後，一定都有諸多協助者的存在。然而，本田實際上應該不是那種會徒步全國、親自行腳道謝的人。年輕時脾氣相當火爆的他，如今之所以能對所有人抱持感恩之心，或許也是因為年紀漸長的關係吧。

隨著年齡增長，除了體力與氣力之外，自己的能力也會每況愈下，需要別人幫忙的機會逐漸增多，也是在這個時候，我們才會重新意識到自己以往接受過多少支援與幫助。這就是為何要「感謝他人」的真諦，也是年紀漸長所帶來的最大附加價值。

人與人交往的原點，即是「感謝」二字——對我來說，這是不變的真理。即便是配偶、孩子、同事、朋友等親近的人，也都是與自己不同的個體，要求他們凡事都配合自己、按照自己的想法去做，是很不合理的。捫心自問，如果對方提出這樣的期望，妳是否也會照辦呢？相信答案一定是「不會」。因為無論任何人，都是相當「自我本位」、「以自利為優先的動物」。

而**同樣信奉自我本位的他人，竟然願意與自己一起共度時光，採取行動、實現夢想，光是如此，就應該深覺欣喜與感恩。一旦理解了這一點，往後不論**

遇到哪些人，我們都能夠敞開心胸、接納對方，親切溫和地加以對待。

「這個道理我也懂，但要親切地對待每個人，實在很難啊。」如果妳也這麼想，就聽我說說與任何人都能貼心相待的秘訣吧，那就是——

任何時候，開頭第一句話就先說：「謝謝。」

即便百分之百確定是對方不好、自己根本沒有錯時，也可以這樣說：「謝謝你，因為你的刁難，我才能收起自己的任性。」這種說法也許十分極端，但這句「謝謝」卻似乎有一股魔力，讓人不只是嘴上說著，就連從來不曾意識到的「對對方的感激之情」，也會奇妙地湧上心頭。

我非常肯定，「始於感謝的人際關係」絕對能讓妳暢行無阻。

「臨終筆記」，是通往人生終點的指南針

想想人生要怎麼落幕，更能看清想要的生活

說到要寫「臨終筆記」，感覺就像是寫遺書似地，因此即便已經六十歲，仍有不少人覺得「為時尚早」。不過，我認為在這看似「為時尚早」的年紀寫下臨終筆記，自然有其意義。

想想死亡這件事、想想自己的人生要如何落幕，其實與考慮老後的生涯要如何度過，並無二致。人生的最後一幕要如何度過——先畫好這幅藍圖，等到退休之後，也就更能看清自己想要的是什麼樣的生活方式。

撰寫臨終筆記時，腦海裡浮現的是與另一半、孩子，還有父母親的相處景

況，接著是往後要面對的未來……寫到關於朋友的那一頁，朋友的臉龐自然浮現，這時不妨重新回味一番，思考朋友對自己有多麼重要吧。

總之，**書寫臨終筆記等於是看著自己一路走來所踏下的人生足跡、回顧過去與展望未來的生存之道，與自己的「真心」坦然對談，也可說是一種儀式**。

四十五歲時，我就已經蓋好自己的墳墓。如今回想起來，似乎有點太早，但當初蓋墓時，我的態度卻是非常認真，也不覺得為時尚早。

這個墓目前是空的，所以還不會有人前去祭拜，但這樣不是太寂寥了嗎？所以我決定每年元旦都去掃墓。老實說，這個習慣比想像中還要令人愉快。這或許是出自一種能親手打造人生落幕後的長眠之地，並得以在有生之年看著它的欣慰感慨吧。

新年期間，除了淺草寺等知名寺廟，來到廟裡的香客沒有幾人，環境比平日清幽、空氣也舒爽許多。身處其中，對著自己的墳墓雙手合十，期許「今年也要過得無怨無悔」，心中自然而然盈滿了真摯之情。新年的新希望讓身心獲得了振奮，給自己掃完墓之後，心靈也彷彿受到洗滌，變得清澈爽朗。

而臨終筆記也如同元旦掃墓，能使我坦然直視自己的人生結局，對於內心深具影響力。每年生日的時候，我都會取出臨終筆記來看一看，這就和掃自己的墓一樣，已經成為我每年重新審視自己的既定模式。

臨終筆記不必是「最高機密」，夫妻倆也可以交換彼此的筆記，相互了解平日不好意思說出口的事。能從字裡行間知道另一半內心的想法，日後的夫妻關係想必也會更加緊密相繫。

因此，臨終筆記絕不是「邁向死亡的筆記」，而是讓你能按照自己的想法與規劃，邁向人生終點的「指南針」。

無論活到幾歲，人生之路都要靠自己開拓

每一天都熱愛生活，誠實地面對自己

日本女性大川MISAO在二〇一五年四月過世以前，一直都是當時全世界最高齡的人瑞。

我可以說是這位大川人瑞的隱性粉絲，雖然只在電視上拜見過她，但她那泛著紅暈的臉頰，面對媒體採訪所展現的豐富神態，即便只是透過電視畫面，也能讓人感受到她深刻的真性情。

出生於一八九八年的大川老太太，在二〇一五年三月迎接了一百一十七歲的生日。一八九八年，那是一個日本有伊藤博文總理大臣、英國有維多利亞女

王的時代，從日本政治家勝海舟與約翰萬次郎還活躍著的幕末時代，一直走到了二十一世紀的現代，這漫長的人生實際上橫跨了三個世紀，真可謂是長途跋涉。

最近幾年都待在特別養護老人院的大川老太太，是在和服店出生，所以即便在晚年，對穿著的要求還是相當高。律己甚嚴的她，從十年前在安養院裡跌倒骨折時的態度，就可以看出她的堅韌。

當時，她已是一百零二歲的超高齡人瑞，但是出院回到安養院之後，還是每天積極地做深蹲，以避免體力衰退。堅強的意志力和正面積極的態度，也許正是她能如此長壽的原因之一。

大川老太太帶給我們的啟示，就是無論活到幾歲，人生之路終究要靠自己開拓。

存在於當下的身體、心靈與時間……我認為，能夠意識到自己不再年輕的人，才會更懂得珍惜愛、並且心生慈悲。

「沒有任何人比老人更熱愛人生。」

就像希臘作家蘇佛克里斯（Sophocles）所說的這句話，**隨著年紀增長，人生也變得一天比一天貴重了。所以，天天都要誠實地面對自己，開心享受喜愛的事物、認真對待每個日子，不要留下任何悔恨。**

如此增長的年歲，才能使自己打從內心生出新的能量，讓老後生活總是閃動著耀眼光采。

心靈方舟 4007

活出醇美大人味

重整身心行李，做回久違的自己，預約有質感的晚美人生

作　　者	保坂隆
譯　　者	陳怡君
設　　計	CY
特約編輯	蔡明雲
副總編輯	郭玢玢
總 編 輯	林淑雯
社　　長	郭重興
發行人兼出版總監	曾大福
出 版 者	方舟文化出版
發　　行	遠足文化事業股份有限公司 231 新北市新店區民權路108-2號9樓 電話：（02）2218-1417 傳眞：（02）2218-8057 劃撥帳號：19504465 戶名：遠足文化事業股份有限公司
客服專線	0800-221-029
E-MAIL	service@bookrep.com.tw
網　　站	www.bookrep.com.tw
印　　製	通南彩印股份有限公司　電話：（02）2221-3532
法律顧問	華洋法律事務所　蘇文生律師
定　　價	350元
初版一刷	2016年10月
二版一刷	2018年06月

國家圖書館出版品預行編目（CIP）資料

活出醇美大人味 / 保坂隆著；陳怡君譯.
-- 2版1刷. -- 新北市：方舟文化出版：
遠足文化發行, 2018.6
面；　公分. --（心靈方舟；4007）
ISBN 978-986-95184-9-9(平裝)

1. 女性 2. 生活指導 3. 老年

544.5　　106022014